Isaac Ibrahim Fofana

Les vagues de l'immigration africaine

Isaac Ibrahim Fofana

Les vagues de l'immigration africaine

Les larmes de la jeunesse

Éditions Muse

Cover image: www.ingimage.com

Publisher:
Éditions Muse
is a trademark of
Dodo Books Indian Ocean Ltd. and OmniScriptum S.R.L publishing group

120 High Road, East Finchley, London, N2 9ED, United Kingdom
Str. Armeneasca 28/1, office 1, Chisinau MD-2012, Republic of Moldova, Europe
Printed at: see last page
ISBN: 978-620-4-96518-5

Les vagues de l'immigration africaine

Les larmes de la jeunesse

Un roman -théâtre

Isaac Ibrahim FOFANA

Table des matières

ACTE 1 Entrée

Au lever du rideau, une voix d'homme s'élève pour clamer un poème sur la jeunesse. Son discours est en parfaite inter action avec le spectateur. Après, il sort des coulisses pour placer les équipements scéniques.

La voix

Il est évident que nul ne nait vieux

Tous avons-nous en commun un passage obligé quand on manque à la sentence de la mort

Nous nous trouvons à un âge où tout est possible

Mais impossible sans les détenteurs de l'âge futur, l'âge de la finalité

Cette période, nul ne semble l'oublier et nul ne veut y revenir

Cette période c'est la jeunesse

Oui LA JEUNESSE : Temps de la vie entre l'adolescence et l'âge adulte.

Période de la réalité, tinté d'une inconscient constant

Période de refus de conseils ou l'on se croit à un stade de tout permis

Période où l'on est plus utile à la société que tout âge.

Période d'attention à cette utilité dans une société corrompue

Une jeunesse bien menée se recueillera sous une vieillesse tempérée.

Comment y arriver sans ceux qui ont dépassé cet âge

Ou encore pourrions-nous y arriver avec toute cette dépendance ?

Cette dépendance ou certains veulent faire de nous des éternels enfants.

Où nos décisions ne viennent que de ceux qui se disent les détenteurs de bon âge ?

Pourrions-nous y arriver avec toute une pression familiale

Oui une pression familiale voulant tracer notre avenir sans nous

Comment y arriver avec des acteurs de la société criminelle ?

Criminel parce que tuant nos talents en nous

Criminel parce qu'assoiffés de monétisation

Criminel parce vendant nos connaissances à des prix débridés

La jeunesse c'est un saut dans l'inconnu

La jeunesse est ce crayon personnel qui nous dessine notre avenir

Nul ne doit dessiner notre avenir mais doit être l'admirateur de notre plus beau dessin que nous afficherons partout au soir de notre vie pendant que nous n'aurons plus cette force de jeunesse accomplir. Ne pas réussir c'est se livrer aux *larmes de la jeunesse ou les fautes de raison.*

Une fois finie, la voix sort des coulisses avec en main des équipement de la scène. sur scène, il les place tout en parlant avec le publique

La voix- Je pense que je vais placer ça là. Non, c'est plutôt mieux ici. *Au publique,* Très chers publiques, j'espère que nous ne vous avons pas fait attendre longtemps ? Vous savez, toute histoire sur la jeunesse demande une longue préparation. Car il y a beaucoup à faire et à dire. J'espère que vous avez pris garde parce qu'il s'agit d'un théâtre pas comme les autres. Mon rôle c'est de vous prévenir car le théâtre se modèlera aujourd'hui. *Il appelle un homme dans le public pour l'aider à positionner certains équipements de la scène.* Monsieur

Un monsieur dans Le public- Moi ?

La voix- Oui vous. Venez avec votre madame à côté.

Un monsieur dans le public- Non ce n'est pas ma madame. C'est juste une invitée tout comme moi.

La voix- Ah je comprends alors que vous être trop âgé pour venir avec une si jeune fille tout en laissant votre femme marié chez vous. C'est le quotidien des hommes âgés : inviter les jeunes filles lors des soirées détentes tout en laissant leur femme qui a fait plus 10 ans de vie de couple avec eux. Vous n'avez pas à vous inquiéter. Votre femme ne nous regarde pas. Venez avec la jeune demoiselle. *Le public se met à rire.* Non ne riez pas nous ne sommes pas à un théâtre. Restons concentré. *Le publique se met en plein rire encore*

Un monsieur dans le public- Mais vous confondez. Je ne suis pas aussi âgé que ça. Je ne suis qu'un jeune. je n'ai même pas mes vingt-cinq ans. Elle est plus vielle que moi. Regardez vous-même

La voix- Bon ! Levez-vous les deux donc. *Lorsque qu'ils se lèvent, on voit un jeune et une femme. Les deux viennent sur la scène et aide la voix à placer équipements scéniques. La dame va dans les coulisses et laisse le jeune seul sur scène. A la grande surprise du publique, ce jeune homme est un acteur et même l'acteur principal qui répond au nom de Salia. A peine le rideau de la scène 2 levé, que nous voyons la même dame dans une autre tenue. Elle jouera le rôle de Mamansalia*

SCÈNE 1 : Entrée

Au lever du rideau, Salia, très pensif est assis sur la scène. Sa mère, balais en main, vient le trouver et commence à lui parler. Elle l'appelle plus de deux fois avant qu'il ne réponde.

MamanSalia- Mon fils, mon fils, Salia, Salia Eh Salia !!!

Salia- Oui oui maman.

MamanSalia- Je parie que tu as veillez encore sur tes papiers. Toujours là à bosser. Quand vas-tu comprendre que les études sont faites pour juste savoir laquelle des horizons choisir et non pour réussir ? Quand ?

Salia- Mais maman qu'est ce qui te faire dire cela ? Et qui t'a dit que je suis en train de penser aux études ?

MamanSalia- A quoi penses-tu donc ?

Salia- Maman tu vois toi-même la situation. Tu as bien vu ce que nous avions pu constater hier et ...

MamanSalia- Non mon fils cela ne doit pas te décourager à prendre ta décision. Tu sais, les gens font tout cela pour vous décourager et toujours abuser de vous ici dans leur pays de misère.

Salia- Mais de quoi parles-tu maman ? De quelle décision parles-tu ?

MamanSalia- Comment-ça de quoi je parle ? Je parle de ce que nous avons constaté hier. Cela ne doit pas te décourager.

Salia-Mais maman, cela ne peut pas ne pas me décourager si mes parents doivent manger, si je dois m'occuper d'eux, ma femme et moi-même. C'est un fait très compliqué. Il me faut vraiment me mettre au travail.

MamanSalia- Oui mon fils. Il te faut vraiment te mettre au travail afin que tu partes aussi quelques soit les difficultés du trajet.

Salia- Où maman ?

MamanSalia- Mais pourquoi me demandes-tu de la sorte ? Tu sais très bien ce que nous avons constaté hier, c'est de cela que je parle. Pourquoi me demandes-tu encore si tu sais très bien que ma seule préoccupation actuellement est de te faire partir comme tous ces jeunes.

Salia- Mais maman, j'ai l'impression que nous ne parlons pas le même langage là. Moi je suis préoccupé par le fait que cela fasse trois jours que notre sac de riz soit fini et toi tu me parle de ces jeunes hommes. Qu'ont-ils fait ces jeunes dont tu parles ? Qu'ont-ils faits ? Un jeune est-il venu te provoquer ici chez toi ?

MamanSalia- Mais hier à la télé VoixBigtongui n'as-tu pas vu les images truquées des migrants morts ? Ce ne sont que des images montées pour décourager les jeunes à aller à la quête de leur avenir.

Salia-Mais maman soit plus explicite, je ne te comprends pas du tout. Hier soir à cause de la situation actuelle à la maison je ne suis pas vite rentrée. Donc je n'ai pas pu regarder le journal de 20 heures. Ma seule préoccupation actuelle est comment vais-je faire pour vous trouver un sac de riz pour le mois. Et tu me parles des images truquées. Maman s'il te plait. Il est l'heure pour moi. Il me faut aller grouiller. J'ai mis 2000 f sous la nappe de la télé dont tu dis qu'elle te ment, tu sauras qu'elle te dit la vérité si tu prenais ces 2000 f pour ton prix de popote d'aujourd'hui. Au revoir !!!!

Il sort…

MamanSalia- Mais mon fils, mon fils, laisse-moi t'expliquer….

Entre Davila qui salue MamanSalia. MamanSalia change de mine. Avec un ton de colère elle répond à sa belle fille qui trouve même du mal à lui parler.

Davila- Bonjour maman…

MamanSalai- *(avec un ton de colère)*- Bonjours qu'est-ce qu'il y a ?

Davila- Il y a que je te salue.

MamanSalia- Et c'est ici tu vas me saluer ! C'est ici tu vas me saluer ! Il est quelle heure ? Depuis 5 heures je suis réveillée et c'est maintenant tu viens me saluer. Lorsqu'on s'est vu devant la chambre de mon fils ce matin es-tu venu me saluer ? Mais je comprends. C'est Salia qui t'autorise tout cela. Et c'est toi qui fais que Salia aujourd'hui, ne nous respecte plus. Mais je reste patiente et je vous regarde mon fils et toi.

Davila- Maman mais qu'est-ce que j'ai fait ce matin encore pour que tu me parle de la sorte ?

MamanSalia- Moi sorte, moi sorte ? C'est moi tu traites de sorte. Cela ne me surprend pas. Je ne sais même pas qu'est que mon fils cherche avec toi. Toi qui ne respecte pas le papa ni la maman de celui que tu veux comme mari.

Davila *Titubant* –Mais il l'est déjà maman. Salia est déjà mon mari.

MamanSalia- Aller continue de rêver. Continue de rêver. A ton réveil tu te retrouveras dehors et je lui donnerai une femme prête à pousser mon fils à la réussite : la voix de l'Europe. Lasse-moi passer, avec ton histoire de mon mari.

Davila- Mais maman, et l'argent de la popote ?

MamanSalia.-Demande-le à ton mari… *Elle sort*

Davila- Mais c'est à toi qu'il remet chaque jour maman. Maman Maman.

Davila *monologuant avec une voix presqu'en pleur.* Mais qu'est-ce que je ne fais pas pour m'entendre avec cette femme. Qu'est-ce que je ne fais pas. Toujours elle m'humilie pensant que je suis contre elle. Cela fait plus d'une semaine qu'elle refuse de me donner le prix de popote. Pourtant mon mari lui laisse l'argent chaque matin pour qu'elle me le remettre ; chaque jour. Mais me voici à enlever l'argent du bout de mon pagne pour la nourriture de ma belle-famille. Avec cela elle trouve que je ne fais rien dans la cour. Qu'est-ce que j'ai fait à cette femme. *Elle sort.*

SCENE 2 : Chez la famille Katherine

Au lever du rideau, MamanKatherine en discussion avec son Fils Kalonzo l'accusant de ne rien faire de sa journée. A un moment de leur échange, viendra GrainInfo qui est un homme très cultivé. Il défendra son fils face à sa femme. Koni, la petite sœur entrera avec en main son téléphone tablette et commencera à montrer les photos de leur frère qui se trouve en Europe depuis sept ans.

MamanKathérine *(seul dans la cuisine)*- Mais qui était ici dans la cuisine, la personne à fini toute la nourriture. Pourtant je vous ai dit que c'est dans cette nourriture que vous avez votre diner. Je parie que c'est ce vaut rien de Kalonzo. Car il ne sait rien faire si ce n'est pour manger. Mais il viendra me trouver ici. *Elle entend une voix dehors. Vite, elle sort voir si c'est celui qu'elle accuse. Une fois dehors, elle aperçoit Kalonzo qui vient de se réveiller.*

MamanKathérine- *Arrêtée dans le dos de son fils elle l'appelle-* Eh toi, toi, c'est à toi que je m'adresse. Tu ne m'entends pas ?

Kalonzo- Maman c'est de moi tu parles ?

MamanKathérine- Non !!! A ce que je sache nous ne sommes pas trois actuellement pour que tu doutes que c'est à toi que je m'adresse. Je parie que c'est toi qui as mangé toute la nourriture qui était dans la cuisine. Mais continue ton comportement de bouffe tout. Tu te retrouveras un jour à la rue. Quel genre d'enfant es-tu ?

Kalonzo- Mais maman de quoi tu parles ?

MamanKathérine- Tu sais très bien de quoi je parle. Je vous ai dit que ces deux jours je n'ai pas d'argent, laisser un peu le petit déjeuner et pensons au diner. Mais tu ne comprends pas. Quand je quittais ici pour le marché, tout le monde avait déjà mangé il ne restait que toi.

Kalonzo- Maman, ce n'est pas moi. Je n'ai pas encore mangé ce matin. Je viens de me réveiller. Tu me vois bien avec ma brosse à dent.

MamanKathérine- Va là-bas, tu penses que je ne te connais pas ? Depuis quand toi tu t'es brossé avant de manger ? Mais je t'ai déjà dit, ne pense pas à t'occuper de toi-même hein, reste là à attendre tout venant de tes parents. Continue. Comment à ton âge tu attends toujours le petit déjeuner avant de te réveiller.

Entre MonsieurGrainInfo le mari de Katherine

GrainInfo- Mais de quoi tu parles encore ce matin avec ton soit disant vaut rien de fils. A chaque fois tu es là à crier sur ce jeune homme pensant qu'il ne fait rien de sa journée. C'est moi qui ai mangé le reste de la nourriture. Qu'est-ce qu'il y a ?

MamanKathérine- Mais fallait me le dit, comment ose tu faire cela sans me le dire. Voilà que je viens de parler sur Kalonzo. Mais c'est bien fait pour lui aussi. Toute personne qui passe sa journée à la maison, si quelque chose se perd, nous ne pouvons que la lui demander.

GrainInfo- Donc c'est nous qui sommes tes voleurs car c'est mon fils et moi qui restons ici. Vas demander au système Bitongauais qui fait de nous des désœuvrés. C'est nous qui sommes tes voleurs ?

Kalonzo- Demande-lui papa. Je ne sais même pas qu'est-ce que maman me veut.

MamanKathérine- toi tu la ferme quand ton papa me parle ok.

Kalonzo- *avec un signe de respect-* Excuse-moi maman. En tout cas je suis content que tu m'accuse toujours à tort. *Il accroche sa serviette sur la corde et rentre dans sa chambre. Arrive sa sœur Koni un téléphone en main. Eprise de joie, elle montre des photos à ses parents.*

Koni- Maman maman, regarde ton fils bien aimé. Regarde comme il est bien joli avec sa blouse. Hummm comme l'Europe rend propre !!! Je parie qu'ils attendent la neige C'est l'hiver bientôt car je me rappelle quand je causais avec lui l'autre jour il me disait que l'été était fini et qu'il s'apprêtait pour l'hiver

GrainInfo- Donc après l'été c'est directement l'hiver ? C'est quelle Météo qui t'informe ainsi ? Ah la nouvelle génération vous pensez tout connaitre pourtant rien. Rien du tout. Après l'été c'est l'hiver. *Il rit* Je comprends pourquoi tu as passé sept année pour le Baccalauréat. *Il rit...*

Vaut-rien de sa nature. Après l'été, l'automne, après l'automne maintenant vient l'Hiver. Nous sommes de l'ancienne génération nous avons fait de vrais écoles à la Lambert Amon TANOH.

Koni *–faisant la mou à son papa.* Hummm papa tu aimes trop humilier les gens. On sait bien que vous êtres de l'ancienne génération. C'est à ma mère que je parle. Elle au moins est de la moyenne génération.

GrainInfo- Oui ce n'est qu'à elle que tu puisses parler car elle ne sait pas déterminer deux pièces de 25 francs qui font 50f.

Katherine- Hummm arrête de me parler ainsi. *A sa fille.* Vas-y ma fille montre-moi mon fils. Montre le moi. Mon vaillant et courageux enfant qui à traverser la mère pour le pays de la liberté. Le pays des droits de l'homme. Montre-le-moi.

Koni- Le voici maman. Le voici. Arrêtez juste en rang avec des amis. Je parie que c'est là qu'il prenne le ticket pour le métro. Car là-bas c'est comme ça. Chaque matin tu prends le métro pour le lieu de travail.

Katherine- Qui moi ?

Koni- Non toi aussi maman. Je parle de ceux qui vivent là-bas. Ah maman. Certains personnes ici finirons par avoir raison sur nous. *Elle jette un regard sur son père.*

GrainInfo- C'est déjà fait. Elle parle de son fils vaillant, courageux pourtant cela fait bientôt dix sept ans qu'il est là-bas, mais jusque-là rien. Nous vivons avec une image que nous n'avons pas. Nous ne pouvons plus aller prendre crédit chez quelqu'un. Toi et ta mère vivent au-dessus de vos moyens dans le seul but de ne pas faire savoir aux gens que votre fils ne vous envoie rien comme revenu. Mais si j'y prends du plaisir, je suis bien partant. Comme on le dit, « tant que la branche n'est pas cassée, même avec un cyclone, l'oiseau se sent bien sur l'arbre ». Donc continuez. Continuez à vivre au-dessus de vos moyens. Et puis laisse-moi vois la photo. *Il arrache le téléphone à sa fille. Sur cette photo se trouve un jeune homme arrêté à un stationnement de cas sociaux.* Ici c'est le lieu où viennent les personne démunies pour trouver de la nourriture. Si à 17 ans en Europe il dépend de ces lieux de cas sociaux c'est dire que ça ne va toujours pas chez lui.

Koni- Mais qu'est ce qui te fait dire cela ? Ne souhaite pas le malheur à mon frère ton fils.

GrainInfo-Ma fille personne ne peux souhaiter le malheur à son enfant. Mais quand la vérité se présente, il faut la dire. Je connais bien là où est arrêté ton frère. Ce n'est pas un lieu de lux encore moins un lieu de vente de ticket de métro. C'est même honteux de prendre une photo ici pour la mettre sur votre dépotoir de réseaux sociaux. Surtout votre merdier de Facebook. Mais c'est pas mal. Il le fait si bien. Si c'est aux parents ignorants comme vous qu'il envoie. Je connais bien ces lieux.

Koni- Eh papa ne nous insulte pas de la sorte.

GrainInfo- Ce n'est pas moi qui t'insulte jeune fille. C'est celui qui vous envoie à longueur de journées ces photos, vous faisant croire que tout va bien chez lui. Et je dirai même que c'est toi-même qui t'insulte car lui il n'a fait que balancer la photo sur le merdier de Facebook. « Le mal n'est pas à celui qui verse les ordures dans la poubelle plutôt à celui qui vient fouiller dans la poubelle. »

Koni. Eh papa !

GrainInfo- J'ai fini de parler, attrape moi ça, avant que je ne te le jette à terre. *Il tend le téléphone à sa fille et lui parle.* Et sors d'ici j'ai des choses plus importantes à parler avec ta mère plutôt que ces mirages de l'occident. Allez !!!! Du ballais !!!!

Koni sort...

GrainInfo- Kathe, ont dit quoi et le marché, ça s'est bien passé ?

Katherine- Depuis nous sommes arrêté ici c'est maintenant que tu vas me demander si mon marché va bien ? *Avec un ton de colère.*

GrainInfo- Toi aussi, c'est ton problème qui est là. Quand on s'amuse avec toi un peu, tu prends tout au sérieux. C'était juste pour chahuter.

Katherine- Je sais où tu veux en venir GrainInfo. Fais vite, je dois aller travailler.

GrainInfo- C'est moi qui n'ai rien à faire ? C'est ça ? Je t'ai toujours demandé de tourner plusieurs fois la langue avant de parler n'est-ce pas ? Ok.

Katherine- Hummm GrainInfo à cause de ton chômage on ne doit plus parler de travail ici encore. Hummm GrainInfo

GrainInfo- Ah oui car nous sommes les frustrés du Bigtongui. Nous sommes là à la maison avec nos gros diplômes et expériences. Vous qui avez eu un peu à faire nous n'accepterons jamais que vous vous moquez de nous. Car le Bigtongui est un pays ou le travail s'acquiert par la chance, l'argent et la relation. *Il lève le ton pour dissuader sa femme.* Dis merci à Dieu si aujourd'hui tu as eu de quoi à faire et arrête de nous répéter à longueur de journée que nous autres ne faisons rien.

Katherine- Hummm donc tu es fâché comme ça hein. Eh GrainInfo, eh GrainInfo toi aussi. Arrête ça un peu. Allez changeons de sujet. Dis-moi que veux-tu pour sortir ? Tu ne vas pas au grain aujourd'hui ? Allez viens j'ai acheté des fruits pour toi surtout des mangues que tu aimes tant. Viens, viens voir un peu. *Elle le saisit par la main et le conduit vers le panier du marcher.* Regarde comme elles sont belles. Allez viens que je lave certaines pour toi. *Il sourit*

GrainInfo- Non Kathé mes amis m'attendent au grain nous avons une réunion dans peu de temps.

Katherine-Ok donc au revoir alors. A ton retour tu mangeras tes mangues.

GrainInfo- Hummm Kathe toi aussi tu aimes trop que je me répète. Tu sais très bien que j'ai des cotisations à faire là-bas. Tu sais aussi très bien que tu dois m'aider financièrement. Tu sais que je ne travaille pas n'est-ce pas ?

Katherine- Ah ce n'est pas moi qui l'ai dit cette fois-ci. C'est sorti de toi-même ta bouche. Tiens 5000 francs je pense bien que cela te suffira.

GrainInfo- Merci bien ma femme. Tu es la meilleure.

Katherine- Hummm Monsieur a eu ce qu'il cherchait donc monsieur a de belles paroles pour madame maintenant. Je suis meilleure et tu vas toujours attendre la voisine non loin de la cour de la famille Salia. *A cette parole il dit rapidement au revoir à sa femme et sort...*

Katherine- Vraiment les hommes ont tout pour embobiner les femmes. Monsieur voulait de l'argent pour sortir. C'est pour cela il nous faisait la géographie de l'Europe et même des leçons de cas sociaux. Et il pense qu'en parlant ainsi à mon fils qui vit en Europe que je vais arrêter de le soutenir. Hummm. *Sort Kalonzo de sa chambre.*

Kalonzo- Tiens maman pour la nourriture de ce soir.

Katherine- *Faisant la mou*- c'est combien ça, toi tes amis donnent plus de 3000 pour le prix de popote c'est 1000f que toi tu trouves pour donner. Tu oublies que nous sommes à Bigtongi ou le prix de popote dépend des conseils de ministre. 1000f prrrrrrrr. Si mon fils était là je n'allais pas souffrir comme cela aujourd'hui. Mais je ne suis pas pressé je sais qu'il reviendra m'enlever dans cette misère un jour. J'y crois fermement.

Kalonzo- Eh maman quand vas-tu savoir que je vis selon mes moyens. Je ne travaille pas, je me tracasse pour te donner chaque fois quelque chose pour la nourriture et tu trouves que je ne fais pas comme ceux qui donnent plus de trois mille. Eh maman, tu me veux quoi à la fin ?

Katherine- Que tu saches me satisfaire en tant que ta mère comme le ferra un jour ton frère à son retour de l'Europe.

Kalonzo- Pour quelqu'un qui n'est pas encore de retour, tu sais déjà comment il va te combler ? Vraiment maman tu es envoutée par cette histoire d'Europe de ton fils. *Son portable se met à sonner, il jeta un coup d'œil sur son téléphone et s'éloigna de sa mère. Sa mère pris le panier devant la cuisine et sort pour le laisser seul sur la scène.*

Comment vas-tu ? Je n'ai pas vite décroché ton appel car maman était près de moi. Tu sais, ton départ en Europe lui a tellement plu qu'elle ne cesse de s'en réjouir. J'imagine si elle savait combien de fois tu souffrais là-bas. *Silence* Non pas encore. Je ne peux pas lui parler de cela actuellement. Imagine qu'elle apprenne que tu as été arrêté pour maque de papier, elle risque de tomber malade car elle alerte tout le quartier ici que son fils est en Europe. *Silence* Bien sûr que je lui dis de faire attention car elle finira par attirer la malédiction sur toi. Elle oublie que nous sommes à Bigtongui, et ici ce n'est pas tout le monde qui aime voir le bonheur de son prochain. Mais dis-moi comment pourras-tu t'en sortir là-bas en prison ? Tu n'as personne pour t'aider. Nous ici on ne peut rien faire. Cela fait pratiquement dix sept ans que tu es parti mais jusque-là rien. Vraiment je ne sais pas comment dire à maman que tu es en prison actuellement par manque de séjour. *(Pause)* Tu parles de combien là ? Sept cent mille francs ? Mais c'est trop ! Où allons trouver cela pour t'envoyer ? Rien ne marche ici encore mon frère. Surtout avec les affaire de déguerpissement des femmes dans le marché soit disant qu'elles sont sur les routes. Vraiment ça sera compliqué. C'est un véritable dilemme. En même temps que ta mère ne doit pas savoir que tu es en prison, dans le même temps tu dois lui demander sept cent mille franc pour ta libération. Que vais-je faire mon frère ? Comment allons-nous nous arranger pour régler ce fait ? *L'appel est interrompu* Allo Allo Allo ! *Seul* Ouf il a coupé. Je parie que ses unités sont finies. Sept cent mille franc actuellement dans le pays de Monsieur de LaRound. *Il sort...*

SCENE 3 : Entre amis

Au lever du rideau, Salia est devant la porte de Hassane. Il tape mais celui-ci ne répond pas si tôt. Après il vient lui ouvrir la porte et une discussion s'engage entre eux.

Salia- Hassane, Hassane Mais celui-là n'est pas présent ou quoi ? Il m'a pourtant appelé pour que je vienne le voir et voilà qu'il ne répond pas. Hassane !!!!!!

Hassane- Ouiiiiiiiiiii Djo tu vas casser ma porte ? Je suis sous la douche Attends-moi un peu ? Et s'il te plait si tu as 500 f sur toi va acheter du pain on boira un peu de café avant de partir. Et dès que je sors je te rembourserai ton argent.

Salia- Djo je t'attendrai. Si tu sors je vais aller acheter le pain car actuellement je n'ai rien comme argent sur moi. Je suis là même ce matin pour en prendre avec toi. Donc prend ton temps je serai disponible dès que tu seras prêt.

Hassane- Toi seulement chaque jour tu n'as rien sur toi. Toujours rien. Donc attends moi je finis tout l'heure.

Salia- Cela m'arrangera. Car ce matin je suis dans une situation Bigtongaise inexplicable.

Hassane- Ouiiiiiii comme d'habitude hein. Le jour toi tu ne seras plus dans une situation Bitongaise Monsieur Delaround ne sera plus le président

Salia- Et qui t'a dit que c'est lui qui est à la base de ma situation Bigtongaise ? Ma situation Bitongaise n'émane pas de lui ce matin. Mais de ma famille.

Arrive Hassane qui sort de la douche et lui ouvre la porte. Salia lui explique la raison de son arrivée.

Hassan- Mais comme d'habitude mon frère. Je te l'ai dit mais tu refuses de l'admettre. Ta famille te veut quelque chose d'autre sinon pour tout ce que tu fais pour elle, je pense que tu ne devrais pas être dans des pétrins chaque fois.

Hassan souris et le laisse entrer. Une fois dans la chambre, Salia s'affaisse sur son lit. Et commence à lui expliquer sa situation matinale.

Salia- Mon frère je ne comprends vraiment pas. Ma famille m'inquiète. Je fais tout pour qu'elle ne manque de rien, mais j'ai l'impression qu'elle me cache quelque chose. Ce matin je causais avec ma maman. Mais laisse-moi te dire que nous ne parlions pas la même langue. Elle me parlait d'une certaine décision que je dois prendre. Et j'ai l'impression qu'elle est préoccupée par une autre chose que notre problème familiale.

Hassan la serviette en main lui demande

Hassan- Mais demande bien à ta mère. C'est surtout elle qui te met plus la pression. Moi je parie qu'elle veut que tu partes en Europe comme l'a fait le fils de Katherine. Tu sais avec cette question d'immigration au quartier Orly 2 de Bigtongui, nous les jeunes sommes sous une pression familiale qui nous contraint à bien vouloir partir en Europe

Salia- Mais nos familles aussi oublient que l'Europe n'est pas celle que nous pensons encore Moi je préfère rester ici, me débrouiller et gagner ma vie que d'aller me faire toujours insulter par les blancs.

Hassan- Dans quel pays ? En tout cas pas ici à Bigtongui. Car le droit de l'homme n'existe pas ici et c'est l'une des questions qui poussent nos jeunes à partir et surtout aussi avec le taux de chômage qui pèse plus qu'un éléphant mort d'obésité.

Salia- *(rire)* – Toi avec tes expressions à mourir de rire tu ne finiras pas de me surprendre. Djo ce qui m'amène ce matin chez toi est crucial. Je dois acheter le sac de riz pour ma famille Donc dis-moi, pourrais-je avoir au moins 18000 f avec toi pour que j'aille acheter un sac de riz pour ma famille ? Avec 18000 f je pourrai avoir un sac de riz Kimemange

Hassan- Hummmmm djo, ce sac à maintenant augmenté. De 18000 c'est maintenant à 19500. Donc demande-moi 20.000 si non hmmmmm. Tu sais que c'est le Bigtongui les prix des choses augmentent selon l'humeur des vendeurs et non des taxe du pays. Donc je te donnerai 20000f afin que tu puises avoir quelque chose.

Salia- Merci bien mon frère. Vraiment tu es un frère.

Hassan- Voilà quand c'est cela je suis ton frère. Mais depuis combien de temps je te dis de me trouver le numéro de la voisine et tu me le refuse.

Salia- Laisse ça, ça va venir. Actuellement l'heure est à ma situation Bigtongaise. Ma famille n'a rien à la maison pour manger. Il ne nous reste que 3 Kilogramme qui ne serviront que pour la nourriture de midi.

Hassan- Pour toi est mieux tu as 3 kilogramme, tu sais la famille Katherine fait toujours palabre sur la nourriture chez eux ? Car il n'y en a pas assez. Donc mon jeune frère réjouis-toi de tes efforts et de ce que tu as.

Salia- Moi je sais une seule chose, la famille de Katherine n'est pas ce qu'elle veut nous faire croire. C'est une famille qui souffre. Leur fils est en Europe et les gens pensent qu'ils sont riches. Nous autre sommes mieux qu'eux. Mais Djo à chacun son problème. Donne-moi l'argent d'abord je vais fais plaisir à ma famille.

Hassan- Heeeeee Djo, tu as raison. *Il regarde dans une poche de son pantalon et remet deux billets de 10000 f à Salia. Celui-ci se lève et sort.*

Hassane- Tu parts déjà ? Mais il y a du café à boire hein

Salia- Mes parents n'en ont pas bu ce matin donc je n'en ai pas envies. Au revoir on s'attrape au campus. Surtout merci pour aide.

Hassane- Tu es vraiment un exemple à suivre mon frère ton amour pour tes parents est sans pareil. Bonne journée à toi et surtout n'oublie pas de m'apporter les documents pour l'exposé de demain.

Salia- Je n'ai que faire, avec mon frère laisse-moi partir comme cela. Au revoir.

Il sort…

Scène 4 Chez la famille Salia

Au lever du rideau mamanSalia avec papaSalia échange sur la situation de Bigtongui. Peu de temps après, Salia vient les rejoindre. Et une discussion intense s'engage entre les trois.

PapaSalia- Vraiment les hommes politique de Bigtongui nous pourrissent la vie. Ceux qui étaient amis hier, sont devenus des ennemis aujourd'hui.

MamaSalia- Dès le départ je te l'ai dit et tu ne m'a pas cru. Je t'ai toujours dit que les alliances politiques se terminent toujours mal. Tu verras la fin du film. Il faut que le Président Bigtongais sache que le Bigtongui ne peut pas être comme l'Europe ou on parle de la gauche et de la droite. Ici c'est le Bigtongui, un peu très compliqué. Tu verras l'anti héros d'hier deviendra le héros aujourd'hui.

PapaSalia- Oui ma femme c'est la pure vérité. Il le deviendra. Mais ce qui me fait mal, c'est le fait que lorsqu'il le deviendra, il fera les mêmes erreurs comme son prédécesseur.

MamanSalia- Bien sûr. Il nous revient donc à tant que population de prendre conscience et savoir que notre bonheur n'est jamais entre les mains de ces politiciens.

PapaSalia- Comme le dis si bien ALBER EINSTEIN « C'est une erreur d'attendre son bonheur de la main des politiciens, car comment voulez-vous que celui qui a créé le problème vous donne des solutions ? ».

MamanSalia- Très bien parlé mais malheureusement que je ne connais pas ton Albert Einstein là. Sinon il faut le dire, la situation Bigtongaise est plus que dégoutant. Nos politiciens défendent ne pensent qu'à leur intérêt. Mais dis-moi, hier Kino est venu ici disant que vous aviez une réunion politique avec le chef du quartier.

PapaSalia Non je n'irai pas là-bas. Ces politiciens n'ont besoin de nous que lorsque l'élection approche. Cela fait cinq ans que notre quartier n'a pas de réunion mais comme le mandat de Monsieur le maire va à échéance c'est pour cela que monsieur approche la population. Mais comme ils ont des populations mouton de bénis oui oui !!! C'est ce que je ne cesse de dire « le monde ne sera pas détruit par ceux qui font le mal mais par ceux qui les regarde sans rien faire ». Nous, c'est nous, populations, qui acceptent de les recevoir dans nos quartiers après leur faux mandat.

MamaSalia- Mais que pouvons-nous faire d'autre ?

PapaSalia- Nous pouvons faire assez de chose. Il nous nous suffit de ne pas sortir lorsqu'ils viennent dans notre quartier pour venir nous égrainer leurs chapelets de promesses. *MamanSalia entend la voix de son fils dehors. Elle fait signe à son mari et les deux changent vite de sujet. De la politique, ils abordent rapidement le sujet de l'immigration.*

MamanSalia- Tu comprends que le fils de Katherine a eu toute sa raison de partir en Europe. La Bigtongui est devenu invivable. Les jeunes vivent sous un périple économique. Actuellement la seule solution pour eux est qu'ils partent en Europe. *Entre Salia, trainant un sac de riz pour le placer près du mur après quoi il salue ses parents.*

Salia- Bonjour Papa, bonjour maman.

PapaSalia et MamanSalia- Bonjours mon fils.

PapaSalia- *Continuant* Bien sûr ma femme tu as tout compris. Il faut que nos jeune enfants accepent d'affronter la mer pour l'Europe afin qu'ils réussissent leur vie. Comme je te l'ai dit le fils de SékouKonnin lui a envoyé une voiture Rang Rover le mois passé.

MamanSalia- Le même fils de Katherine là ? Celui qui venait prendre du crédit avec moi ici quand je vendais le garba ?

PapaSalia- Oui bien sûr. Le même le même fils de Kathérine.

MamanSalia- Pourtant son fils et Salia ont le même âge. Mais le voici aujourd'hui qui rend sa famille heureuse.

Salia- *A ses parents-* Voici le sac de riz. J'ai pris une très bonne qualité pour ce mois.

MamanSalia-Salia Merci pour le sac de riz. Mais tu entends là, le fils de Katherine vient d'envoyer une gros voiture à ses parents. Et toi jusque-là tu ne t'es pas encore décidé. Regarde comme la situation est difficile ici à Bigtongui.

PapaSalia- Parle le lui hein ! *Il Sort...*

MamanSalia- *S'approchant de son fils-* Mon fils, la vie devient de plus en plus dure. Ton âge augmente pendant que ta situation reste toujours la même. Même si cela reste insignifiant pour toi, pour moi qui suis ta mère, je m'inquiète. Regarde comment le fils de Katherine a rendu sa mère heureuse. Après son retour de l'Europe, il lui a offert une magnifique villa et une très belle voiture. Mais moi, je suis là. Toujours dans le même pagne. Sais-tu que vous être du même âge ? Tu es même plus âgé que lui en jours. Mais lui il est marié aujourd'hui, il a une femme qu'il rend heureux chaque jour. Salia, réveilles-toi un peu, et fait comme les gens de ta catégorie. Mets-toi en branle et sort moi quelque chose de concrète qui pourra faire de moi une mère comblée. Je ne pourrai plus attendre encore longtemps sur terre si c'est pour demeurer dans cette vie de misère.

Salia- Mais maman, la situation est certes difficile, mais sache que chacun à sa chance dans cette vie. Comparaison n'est pas raison maman. Nous tous ignorons ici à Bigtongui ce que font les enfants partis en Europe pour se faire de l'argent. Tu sais très bien que la société africaine est taxée de plusieurs totems. Mais souvent nos frères qui vont en Europe envoient de l'argent sales à leurs parents. Sans que ces derniers ne cherchent la source de cet argent. Je suis bien conscient de l'avancé de mon âge et que ma situation ne change pas. Mais maman j'ai fois en avenir. Un jour viendra, le changement s'opérera.

MamanSalia- Mon fils, le changement, c'est maintenant !!!!

Salia- Maman, c'est vrai que je n'ai pas encore changé ta situation comme tu le veux mais sache que j'arrive à faire le minimum déjà.

MamanSalia- Mon fils, tu es mon seul et unique enfant. Katherine a eu plusieurs enfants qui ont tous réussit. Imagine si toi qui est mon unique fils tu réussis, tu auras plus d'honneur qu'eux. Ce sera tel un jeu de football. La petite équipe aimée par tous à l'égard de la grande équipe. Tout part de ta décision. Moi ta mère tu auras ma bénédiction.

Salia- Mais maman de quelle décision parle-tu ?

MamanSalia- Mon fils tu n'es pas un enfant. Et à ce que je sache tu es arrivée loin dans les études pour savoir de quoi je parle. Le fils de Katherine n'a pas hésité à saison sa chance pour rendre sa mère heureuse.

Salia- Mais maman, soit plus explicite. Aide-moi à te comprendre. Je veux te comprendre afin de te rendre heureuse.

MamanSalia- Mais quelle tête de mule à cet enfant. Comment dois-je te faire comprendre que le succès de la jeunesse se trouve dans l'immigration qui accourt actuellement. (*Cette parole coïncida avec le père qui appelle sa femme avec une colère. Celle-ci interrompra sa conversation avec son fils et ira vite croiser son mari qui rentre sur scène.*

PapaSalia- *Revenant sur scène-* MamanSalia !!!! Tu n'as pas l'oreille bouchée à ce que je sache ? Depuis lors je t'appelle !!!!

MamanSalia- Oui BabaSalia, je parlais avec notre fils. Que veux-tu ?

PapaSalia- Hier soir, je t'ai dit que mes amis, doivent venir chez moi aujourd'hui pour causer n'est-ce pas ? Donc tu devrais actuellement avoir déjà fait sortir les chaises et les placer car ils ne tarderont pas à venir.

MamanSalia- C'est compris. Je vais de ce pas les apprêter. Ah c'est qu'aujourd'hui la cours sera en joie car je pense bien que MonsieurGrainInfo sera là.

PapaSalia- Oui il sera présent.

MamanSalia- Dieu merci j'aurai donc l'occasion de le voir en action aujourd'hui. *(Elle sort.)*

Salia qui veut lui aussi sortir mais son papa l'interpelle

PapaSalia- Mais fils ou vas-tu ? On a à parler n'est-ce pas ? Tu as pensé à ce que je t'avais dit hier ?

Salia-Oui papa. Je suis en train de chercher. Mais tu le sais très bien que je ne travaille pas. La somme que tu me demande est élevée pour moi. Où vais-je enlevée 250mille actuellement?

PapaSalia- Mais les enfants d'aujourd'hui sont d'une conscience sans pareil. Mon fils à ton âge je m'occupais déjà de mes parents. Vous aviez dit que c'est votre période qui est la période la plus riche et la plus ouverte. Prouvez-le nous. Nous qui avons eu des périodes de vie ancienne, nous avons pu prendre en charge nos parents et vous mettre au monde et encore nous nous occupons de vous jusqu'à ce jours. Je sais que ce n'est pas facile mais tant que tu ferras de cela une priorité, tu y arriveras. N'as-tu pas vu le fils de Katherine, il n'a pas cherché loin. Aujourd'hui ses parents sont les plus heureux : Une belle villa, une voiture, des lots de terrain partout. La famille de Katherine est aujourd'hui la plus convoitée grâce à leur fils qui vit en Europe. Ne soit pas dernier de ta génération mon fils. Copie les bons exemples de ta génération. Et tu verras combien de foi tu atteindras le sommet de tes objectifs.

Salia- Mais papa que veux-tu dis par-là ? Copier les bons exemples de ma génération ? Je suis déjà un exemple pour ma génération. Je n'ai pas encore de travail salarial mais j'arrive à m'occuper de mes parents. Et je pense que c'est largement suffisant.

PapaSalia – Mon fils, c'est vrai que tu t'occupes de nous mais il nous revient de dire si cela est suffisant comme tu le prétends.

Salia-Papa !!!

PapaSalia- Eh oui mon fils. C'est cela.

Salia- Et peux-tu me dire un peu si ce que je fais pour vous est suffisant ou pas ?

PapaSalia- Mon fils, laisse les jugements et continue dans la voir de t'occuper de tes parents. Les appréciations sont une voie d'arrogance qui pourra te décourager. Donc continue mon fils. Cherche toujours à faire mieux. Sache seulement que nous t'aimons et que tu es notre fils unique auprès de qui nous venons quand nous allons mal. Ne parlons assez. Fait tout pour me trouver la somme que je t'ai demandé afin que je ne sois pas la risée de mes amis.

Salia- Hummmm c'est compris papa. (*Salia se mets à sortir à peine deux pas, son père l'appelle)*

PapaSalia- Mon fils, mais c'est devant toi toute suite que j'ai dit que mes amis viennent tout à l'heure me voir.

Salia- Oui oui papa.

PapaSalai- Mais tu ne peux pas savoir cela est me laissez les mains vide cas même.

Salia- Papa !!!! Tu sais très bien que je ne suis qu'un étudiant ? Je ne peux pas faire face à toutes ces petites dépenses.

PapaSalia- Mon petit, elles sont aussi petites que tu veux me les refuser. Allez, regarde là-bas, même 100 f me feront plaisir. J'ai encore le reste du sucre que tu as acheté hier. J'ai seulement besoin de l'argent pour le thé.

Salia- Papa !!!! Vraiment !!!!! Tiens 200f. Papa, je n'avais que cette pièce sur moi.

PapaSalia- Merci mon fils. Ça ira. Un jour ton fils te le rendra. C'est parce que moi j'ai fait de même pour mon père que Dieu te taxe aujourd'hui de cette tâche. Reste concentré mon file c'est juste une étape de la vie. Aussi comme je te l'ai dit, tu seras le meilleur de ta génération. Cependant tu sauras faire comme le fils de Katherine si tu brises la peur qui est en toi et que tu t'engages sur le sentier de ce long...

L'entrée de MamanSalia lui fait avaler son dernier mot.

MamanSalia- BabaSalia, je suis là avec les chaises

PapaSalia- Ah merci bien ma femme. Il faut les placer là. Je vais chercher mon damier pour venir. Où bien Salia, vas chez mon cousin et dis-lui de te remettre mon damier car mes amis serons là dans peu de temps. *Salia sort. Il se tourne vers sa femme.*

As-tu lavé la théière ?

MamanSalia-Oui c'est déjà prêt. Toi aussi Baba, je sais que votre grain n'a jamais été sans le thé.

PapaSalia- Ok. Apporte les donc. Mais avant, tu as parlé avec ton fils à propos de ce que nous avions décidé pour lui ?

MamanSalia- Je suis encore là-dessus. J'ai beau attiré son attention il ne comprend pas. Je lui ai fait comprendre que si le fils de Katherine est aujourd'hui le plus aimé du quartier c'est parce qu'il vit en France. Je voudrais qu'il le comprenne lui-même et qu'il affirme qu'il ira aussi en France. Mais hélas il reste passif à ma parole. J'arrivais à bous de mon plan quand tu m'as interrompu pour tes chaise.

PapaSalia- Merde alors !!!!!!! Mais il en est de même pour moi. J'arrivais à terme, je partais même droit au but pour lui dire d'aller par la mer en Europe quand tu es rentrée. Mais crois-moi nous y arriverons et il faut que nous arrivons à lui donner l'envie d'aller en France. Car c'est le seul secours pour nos enfants de Bigtongui. C'est vrai que c'est un voyage très difficile et qu'on peut même y perdre la vie, mais nous ne pouvons pas faire autrement. Il n'y a pas de travail au Bigtongui. Pour passer un concours, Il faut d'abord l'ARC

MamamSalia. Mais c'est quoi l'ARC ?

PapaSalia- Ah l'ARC ? Ça veut dire l'ARGENT RELATION CHANCE. Sans c'est trois rien ne peut marcher pour toi ici à Bigtongui. Et comme je les cité, de ces trois choses, rien ne doit manquer. Ton argent n'est rien si tu n'as pas de relation pour accroitre ta chance. Je pense bien que j'ai de la chance mais où vais-je trouver l'argent et les relations. J'ai mis tout mon espoir dans le nouveau pouvoir en place, ils sont aujourd'hui au pouvoir mais jusque-là je n'ai rien eu comme relation. Ceux avec qui j'ai milité sont tous parti pour me laisser. Mon espoir c'est mon fils. Il ira en Europe comme le fils de Katherine pour faire de nous des parents comblés.

Entre Salia, le damier en main.

Salia- Papa vous parlez de quoi ? Voici ton damier. Moi je vous laisse. Car il faut que j'aille travailler un peu avant d'aller au campus. Cela fait deux jours que je n'ai pas travaillé pourtant il y a encore des dépenses à faire dans ce mois

PapaSalia- C'est cela mon fils, nous sommes fier de toi. Dépose le damier et va. Passe une bonne journée. Cependant n'oublie pas de laisser 1000 f sur la table pour ta maman pour qu'elle nous cuisine quelque chose ce soir.

Salia- Je lui ai déjà remis 2000f pour le pris de popote.

MamanSalia- Oui il m'a déjà remis cet argent. Mon fils passe une bonne journée mais attends que je t'accompagne. *Salia et MamanSalia sortent. PapaSaia positionne bien son damier avant de tirer le rideau en sortant.*

SCENE 5 – A l'Université de Bigtonguie

Au lever du rideau un tableau d'affichage. Les étudiants viennent regarder l'information inscrite sur le tableau. L'information semble très importante. Tout étudiant qui finit de regarder, retourne, énervé. Mais qu'est-ce qui est-écrit au tableau qui pourrait mettre les étudiants dans un tel état ?

Un étudiant- *Beaucoup excité en venant* – Attend ils disent quoi encore au tableau aujourd'hui ? *Il bouscule les étudiants déjà au tableau et se trouve une place. A haute voix, il lit l'information*

« Il est vivement demandé aux étudiants de Master de s'inscrire et de bien vouloir remplir les documents administratifs pour la confirmation de leur inscription. Ces réinscriptions débutent le 03 Mars 2018 et prennent fin le 3 Avril 2018. Passez se délais, les étudiants non-inscrits ne pourrons pas passer à la soutenance de l'année académique 2016-2018.

L'étudiant- Attends ceux-là même pensent que nous ont ramasse l'argents ou quoi ? Ce n'est pas normal. Pour un seul master on nous demande de nous inscrire deux fois. Ils font comme si c'est nous qui avons provoqué le retard qu'ils cumulent chaque année. Ce n'est pas normal.

Hassane- Mais ce n'est pas nouveau ça. Et quand on veut se plaindre ils nous disent que même à l'Université mère s'est comme ça. Mais moi je dis que c'est du n'importe quoi. Ce n'est parce que c'est ainsi à l'université mère que nous ici on doit fait pareil.

Un étudiant- On ne copie pas le faut comportement d'une personne. Ce n'est pas parce que l'Université mère fait payer des retards à ses étudiants qu'ici ils feront exprès de nous mettre en retard.

Hassane- Le Bigtonguie est vraiment un pays de désordre. Et tous se sentent bien dans ce désordre. Regarde c'est en 2019 qu'on nous demande de faire une inscription pour une année antérieur dans laquelle même nous n'avons pas faire de cours. C'est inadmissible ça.

Une étudiante-*la voisine de Hassane*- Mais vous parlez pour ne rien. Ce que vous être en train de dire là, ils ne l'entendent pas et ils ne l'entendront pas. Nous ne pouvons que nous soumettre à leur décision.

Un étudiant- Oui toi tu peux dire cela car tu trouveras facilement les 60000 f. Mais nous autres devrons trimer avant de l'avoir. Taire toi donc quand on crie notre Ras-le-bol.

Une étudiante- Oui c'est moi qui t'ai demandé de naitre homme ? Si je suis née femme je bénéficierai des avantages de ma féminité. Sans toutefois me prostituer. Celui même qui vous dire de refaire les inscriptions est celui-là même qui payera pour moi au calme !!!!

Hassane- Et comment ça voisine ?

Une étudiante- Laisse-ça voisin. C'est trop stratégique.

Un étudiant- Mais qu'est-ce que tu ne comprends pas frangin ? Ce sont des femmes donc ne demande pas trop. Moi je me case !

Une étudiante- Oui monsieur je comprends ta douleur, mais tu vas souffrir encore. Car ce n'est pas en me ridiculisant que je vais t'accepter.

Hassane *lui fait signe de la main.* Laisse celui-là partir.

Un étudiante- Vient que je t'explique mon voisin. *Elle saisit Hassane par le bras et le fait assoir sur une baquette du jardin.* Tu te rappelles du jour où nous sommes allés à son bureau pour le rencontrer là, c'était l'année passée.

Hassane- *réfléchissant*- Oui oui je me rappelle bien. Où nous étions avec le club Paix et le Club de théâtre là.

Une étudiante- C'est cela. Ce jour-là j'ai fait exprès d'oublier mon téléphone dans son bureau. Tu sais que c'était le soir et nous étions le dernier groupe qu'il devrait rencontrer. Donc quand je suis allé prendre mon téléphone, il était seul. Et je lui ai dit :

Un étudiante- *Monsieur s'il vous plait j'ai oublié mon téléphone ici dans votre bureau. Je l'avais mis sur la manche de ce fauteuil.*

Le président d'université- *Oui j'ai vu ce téléphone et je savais que vous viendrez le chercher. Car mon regard sur vous tout à l'heure vous a signifié que j'avais à vous parler seul à seul. Dieu merci que vous êtres revenus.* C'est ainsi qu'il s'est rapproché de moi et m'a touché les cheveux. J'ai fait semblant de me déplacer en allant vers le canapé et il m'a attrapé par les mains et à commencer à me caresser. J'ai tenté de résister et il m'a dit :

Le président d'université- *Demoiselle Marina, pourquoi vous me fuyez. Depuis longtemps je ne cesse de vous dire que je suis tombée amoureux de vous et je veux vraiment faire du sérieux avec vous.*

Hassane- Mais attends donc il t'avait déjà fait des avances ?

Une Etudiante – Oui mais je t'avais dit cela non. Le premier jour où il est allé en visite à l'amphi et qu'il nous donnait des conseils, après le délégué est venu me voir pour me dire que le président demande mon numéro. J'ai beau refusé, le délégué n'a pas abandonné. Il a insisté Car lui aussi cherchait son amitié avec le président.

Hassane- Ah oui c'est ça. Maintenant explique moi voisine. Et comment ça s'est passé à la fin dans son bureau.

Une étudiante- Au bureau, il m'a tellement parlé calmement et avec beaucoup d'attention que j'ai finie par tomber amoureux de lui. Quand il m'a fait assoit il m'a dit :

Président d'université- *Marina, loin de tout faux espoir, je prendrai tes études en charge si tu venais à m'accepter. Et puis tu sais que j'ai le monopole sur tout ici à l'université, je ne vais pas te parler des informaticiens qui saisissent vos moyennes de fin de semestre. Je ne demande qu'une chance.*

Une étudiante- *C'est compris monsieur.* C'est ainsi que je lui ai donné une chance. Mais nous avons longtemps discuté encore là-bas dans son bureau et des choses même se sont passées entre nous.

Hassane- Ma voisine hein !!!!!

Une étudiante- Oui voisin, c'est ainsi la vie. Donc actuellement je suis l'une des premières dames de notre Université. Car je suis convaincu d'une chose, je ne suis pas la seule avec lui.

Mais dis-moi et ton ami Salia ? Cela fait pratiquement deux jours que ne l'ai pas vu au campus.

Hassane- Tu sais que celui-là est pire qu'un père de famille maintenant. C'est lui qui s'occupe de son papa et de sa maman. Donc il est obligé d'aller souvent travailler. Mais ça tombe bien aussi qu'il n'y a pas toujours cours au campus.

Une étudiante- Dis plutôt qu'il n'y a jamais de cours. Une Université pas comme les autres. Les cours s'arrêtent dès que tu es en année de master. N'importe quoi. Mais d'ici où vas-tu ?

Hassane- Je rentre à la maison, j'étais juste venu voir leur putain d'information.

Une étudiante- Ok. Donc faisons chemin ensemble. Car je vais dans votre quartier voir une amie.

Hassane- Ok. Mais dis-moi tu n'as pas vu Koni ces temps-ci. Je l'appelle mais en vain. Elle refuse de décrocher mon appelle. Je ne sais même pas ce que cette fille me veut. Je fais tout pour qu'elle me prenne au sérieux mais elle ne le fait pas.

Une étudiante- Celle-là actuellement, ce n'est pas la peine, elle m'a dit qu'elle sort avec un homme marié. De surcroit c'est un homme âgé. Tu l'a connais, elle se met pas dans sa classe sociale. Ecoute ce qu'elle me dit. Elle m'appelle un jour au téléphone :

Koni- *Copine, ma copine, j'espère que tu vas bien. Je viens d'avoir un « gawa » un Shuga dady Depuis longtemps il veut de moi, comme je lui ai donné une chance maintenant hier il m'a invité à sortir. Mais copine, c'est un vieux capable. Nous sommes sortis à 20 et c'est ce matin que nous sommes rentrés.*

Copine- *Ce qui veut dire que tu as passé la nuit avec lui ?*

Koni- *Ah toi aussi copine quelle est cette question ? Quelqu'un qui fait tout pour toi et te donne 100000f avant même la sortie. Laisse ça, copine.*

Copine mais dit moi, c'est qui cet homme ?

Koni- *C'est homme âgé. Je sais que tu vas m'en vouloir mais c'est juste pour passer un temps avec lui. Le temps pour moi d'avoir mon argent d'IPhone et le laisser.*

Copine- *Copine ? Tu es sur que ce que tu fais est bien ?*

Copine- *Non copine je t'ai dit que c'est juste pour un temps.*

Une étudiante- *A Hassane-* Et figure-toi Voisin, c'est qui cet homme

Hassane- Et c'est qui ?

Une étudiante- Un ami à son papa. Le meilleur ami de son papa.

Hassane- Quoi ? Mais elle n'est pas bien cette fille ?

Une étudiante- Non que diras-tu de l'ami de son papa alors ? C'est un vieux je suis sûr. Koni doit être considéré comme sa fille. Ne jette pas la faute sur Koni, accusons plutôt l'ami de son papa. Ce dernier est un vieux con.

Hassane- Ne ne t'a-t-elle pas dit son nom ?

Une étudiante- Non non elle ne me l'a pas dit.

Hassane- Mais avec qui ça peut-être ? *Hassane dans son esprit* J'espère que ce n'est pas le papa de Salia ? Car c'est avec lui que GrainInfo son papa, se ballade à chaque fois. Je vais mener mes enquêtes et trouver ce vieux con. *Pendant ce temps, Une étudiante l'appelle mais il est plongé dans ses pensées au point de ne pas entendre ce que dis sa voisine.*

Une étudiante- Voisin, voisin, voisin, Mais voisin qu'est-ce qu'il y a ? Tu es tout près de moi ici et je t'appelle en vain. A quoi penses-tu ?

Hassane- A rien voisine, au faite j'imagine un peu la scène d'amour avec un ami à notre père comment cela peut-être Sais-tu que j'ai offert 150 mille franc à Koni il n'y a pas deux semaine de cela ? Elle m'a fait croire qu'elle voudrait acheter des documents et faire un peu de commerce. Si avec cela elle trouve qu'elle n'est pas à l'aise avec moi et c'est dans les bras d'un homme âgé qu'elle trouve son bonheur... Cela me dépasse.

Une étudiante- Ah mon voisin, vous aussi vous refusez de regarder les filles comme nous autres et vous optez pour des filles qui n'ont rien dans la tête. Laisse tomber traversons pour emprunter. Je suis en retard. *Ils traversent et sortent.*

ACTE 2 : Sources des malheurs

SCENE 1- La Souffrance de Salia

Au lever du rideau, Zoom sur la balustrade du BAJ (Bureau d'aide à la jeunesse). Salia est dans un bureau pour le dépôt d'un dossier dans le but d'obtenir un financement d'aide

sociale décrété par le gouvernement. Mais une discussion intense s'établit entre le responsable du bureau et Salia. Ils semblent ne pas s'entendre sur un point de financement.

Salia- *A la secrétaire*- Bonjour madame.

La secrétaire- Bonjour monsieur.

Salia- S'il vous plait, je venais voir le directeur de la BAJ.

Secrétaire- Il n'est pas encore arrivée Monsieur.

***Salia**- Salia regardant l'horloge accrochée au mur du bureau. Il est 9 H.*

Secrétaire- Vous avez rendez-vous avec lui ?

Salia- Oui madame. J'ai déposé mes dossiers depuis 6 mois maintenant, mais jusque-là je n'ai pas encore reçu de financement ni de retour à ma demande.

Secrétaire- Monsieur je ne vous ai pas encore demandé tout cela. Je veux juste savoir si vous avez rendez-vous ce matin avec le Directeur.

Salia- Oui madame. J'ai rendez-vous avec lui.

Secrétaire- Asseyez-vous comme les autres. Il viendra d'un moment à l'autre.

Salia fait un pas en arrière et prend place près de plusieurs jeune qui attendaient sur les chaises d'attente. Tous étaientt venu pour la même cause : Avoir un financement pour leur projet afin qu'il ne fasse pas comme d'autres jeunes qui ont préférés aller sur la mer pour l'Ampedouza. Lorsque Salia s'assoit, il se plaignit du retard du Directeur de la BAJ.

Salia- Nos responsables ne changerons jamais. Il est 10h moins, et jusque-là le responsable n'est pas à son poste. Ce n'est pas normal. Que dira-t-il à ses employés ?

Un jeune- C'est comme ça partout dans les bureaux à Bigtonguie. Les responsables, quand ils ont le poste de responsable, ils s'érigent en véritable patcha. Plus de respect pour les patients. Ils oublient que c'est pour nous qu'ils sont là. Mais on ne peut faire autrement.

Un jeune- C'est décevant vraiment. Mais je vous ai entendu dire tout à l'heure que cela fait 9 mois que vous avez déposé vos dossiers ?

Salia- Oui c'est cela mon frère. Mais jusque-là rien. J'ai déposé avec des personnes qui ont déjà perçu leur argent. Mais moi je suis toujours là à trainer.

Un jeune- Mais ça alors !!! Il en est de même pour moi. J'ai déposé mes dossiers depuis le 15 Aout mais nous sommes aujourd'hui en Mars 2018. Soit sept mois. Pour un financement qui était prévu pour au maximum deux mois.

Une jeune fille vient d'entrer dans la salle. Elle salue la secrétaire et les deux se mettent à causer pendant que Salia et son ami les assistent dans leur manège.

La jeune fille- Bonjour Madame

La secrétaire- Bonjour ma cherie. J'espère que tu vas bien ?

Une jeune fille- Oui je vais bien. Et chez vous ? La journée commence bien j'espère ?

La secrétaire- Oui ma chérie. Tu as fini de faire les dossiers maintenant ?

La jeune fille- Oui j'ai même déposé la semaine passée. J'espère que pour cette fois-ci ça sera encore la bonne comme pour la dernière fois.

La secrétaire- Oui avec toi ça sera toujours la bonne. Il te suffit seulement d'accepter nos conditions et tu as ton financement. Attends que je l'appelle pour lui signaler votre présence déjà. Parce que hier il me disait qu'ils y a 150 million qui ont été déposé et que cela était destiné à 15 projets dont les dossiers étaient déposés depuis le mois de Javier 2018 à février 2019. Mais ne t'inquiète pas ? Je pense qu'il va t'insérer même si ton dossier est venu en retard.

Une jeune fille- Ah cela me fera plaisir. Mais cette fois-ci la sommes demandé est un peu élevée.

La secrétaire- Combien tu as demandé ?

Une jeune fille- 3.500.000.

La secrétaire- Ce n'est pas trop ma chérie. On pourra gérer. Mais ce qui est sûr ne m'oublie pas. Je compte sur toi pour me satisfaire un peu.

Une jeune fille- Non je ne t'oublierai pas. Dès que l'argent tombe je viendrai te donner pour toi.

Durant ce temps, Salia et les autres, assis, les écoutaient. Et ne pouvait que remuer leur tête face à la grande corruption que vit la structure BAJ. Peu de temps après une voiture gare dans la cour de BAJ. C'est une RANG ROVER de couleur noir. La voiture dégageait une forte musique qui dérangeait les autres bureaux qui se trouvaient non loin de la BAJ. Comme on le dit si bien, une jeunesse mal éduquée ne peut qu'être un dérangement pour la société. Le directeur de la BAJ en est un exemple. Cet homme de 28 ans avait tellement eu de l'argent dans la corruption et la gabegie financière qu'il ne craignait plus rien. Il se nommait Kipré. Il avait marié la fille du président de la République Bigtongais. Ces dernier lui avait nommé au poste de Directeur général de la BAJ. Il s'était fait assez de fortune dans sa fonction. Il était connu pour son extravagance financière. Il parrainait tout ce qui pouvait gaspiller son argent, l'argent du peuple, l'argent de la jeunesse. Lorsqu'il gara la voiture dans la cour de BAJ, le vigile vint vite lui ouvrir la porte Il descendit les bras chargé de biscuit, de plain d'autres petite chose à grignoter et de ses téléphones de marque. Le vigile l'aida à rentrer au bureau. Une fois dans la salle il vit que plusieurs personnes l'attendaient. Mais c'est plutôt vers la jeune dame qui causait avec la secrétaire qu'il salua en premier avant de lancer une petite salutation aux autres et continua dans son bureau. Sa secrétaire le suit et celle-ci revient appeler la jeune fille (la nouvelle venue).

La Secrétaire- Ma chérie, tu peux partir maintenant. Le directeur s'est installé. Il vous demande. *La jeune fille se sentant gênée vu qu'elle est venu en dernière position et voilà qu'elle est appelé la première par le directeur. Comme on le dit bien « à Bigtonguie tout est possible !!! » Salia lui dit :*

Salia- Aller demoiselle n'ayez pas honte !!! Profiter bien de votre favoritisme. C'est un don de la civilisation Bigtongaise !!! *Il sourit avec une colère interne qui se voyait sur son visage mais qu'il cachait par ses dents blanches. La jeune fille quant à elle, ne dit mot, elle sourit aussi et continua dans le bureau du Directeur. Lorsqu'elle arriva dans le bureau, c'est après plus de 45 minutes qu'elle est ressortie. Quoi de sérieux se passait entre elle et le directeur là-bas ? Une fois dans le bureau, ils échangeaient en parfaite harmonie sur un projet mal monté par la jeune fille mais qui fut tout de même approuvé et financé :*

Le Directeur- Notre bonne cliente, on m'a dit que vous avez déposé un projet et vous demandez un financement de 3.500.000f

Un jeune fille- Oui c'est cela monsieur le directeur.

Le Directeur- Bon on m'a dit que votre projet n'est pas bien monté hein. Vous n'avez pas bien fait le tableau, l'objectif n'est pas clair et même le produit que vous voulez vendre même n'est pas rentable. Actuellement les projets que nous finançons doivent être des projets de développement durable. Mais ce que vous avez déposé là n'est pas du tout un projet de développement durable. Mais ne vous inquiétez pas, vous serai financé sans problème. Car il s'agit de vous cas même notre pourvoyeuse attitrée. *Il sourit de même pour la jeune file*

Un jeune fille- Ah Dieu merci.

La Directeur-*Avec un air sérieux-* Non non pas merci à Dieu mais plutôt à monsieur le Directeur que je suis. *La jeune fille sourit en mettant sa main sous le menton.*

Une jeune fille- En tout cas toute gloire revient celui qui nous aide et le premier à nous aider est Dieu le Seigneur.

Le Directeur- ah ok. Loin de moi toute parole religieuse. Donc vous serai financez aujourd'hui même. Mais avec les mêmes conditions hein. Vous avez demandez 3500000 n'est-ce pas ?

Une jeune fille- Oui monsieur. J'accepte toutes les conditions Monsieur le Directeur.

Le Directeur – Ah bon ? Toutes les conditions ? Bon nous allons régler d'abord les conditions ici présentes et après nous verrons les autres conditions plus personnel. *Il sourit à la jeune fille en lui touchant les mains qui ne cessaient de faire des gestes de séduction sur la table du Directeur.* Maintenant tu vas signer ces papiers. Tu bénéficies d'un financement de 3500000 f pour ton projet. Mais tu recevras 3000000 car c'est le pacte que nous avons entre nous n'est-ce pas ?

Une jeune fille- Oui mais vous pouviez me laisser un peu cas même cette fois-ci, vue que nos lien amicaux s'affinent de jour en jour. *Elle touche à son tour la main du directeur, les caresse tout en le fixant dans les yeux. Elle se saisi les lèvres d'un geste charnel tel Ruby dans le film de Yolanda Vargas Dulche film sorti en mai 2004 et qui a eu du succès par le pouvoir de cette actrice mexicaine à malmenere les hommes dans son filé. Bref la jeune fille venait d'avoir son financement et encore un homme à qui elle soutirerait de l'argent. Elle l'avait laissé et était sortir avec à sa main, le numéro du Directeur général de la BAJ et un autre 100000 tiré de l'argent qui devrait servir au salaire des vigiles de l'agence. La jeune fille une fois dehors, donna 25000f à la secrétaire après lui avoir fait le compte rendu de sa rencontre à succès avec le Directeur. Les autres venus voir le Directeur faisaient leur entré sur le directeur à leur tour de savoir le convaincre. Mais comment convaincre un homme qui normalement n'avait pas d'argent ? Qui avait déjà tout ce qu'il voulait ? Les VVF : Villa , voiture Femme comme le disait Sony Labou Tansi dans la Vie et Demi. Telle étaient question que posait notre Salia mais toujours sans réponse jusqu'à ce son tour d'entrer sur le*

Directeur arriva. Une fois dans le bureau du Directeur, celui-ci était au téléphone. Il communiquait avec une personne beaucoup proche de lui. Lorsqu'il vit Salia, il fit signe de sa main en lui indiquant la chaise d'attente et continua sa communication au téléphone :

Le Directeur : Oui oui monsieur De Lahouse, tout a été déjà acheté, comme je vous l'ai dit je voudrais une construction sur une superficie de 100 hectares. Le terrai m'a été offert par le président de la Bigtongui Monsieur mon très cher beau-père. Comme prévu je voudrais une architecture américaine, et un terrain de golf qui s'échoue sur une plage artificielle. Et n'oublions pas aussi de faire des boomker à l'intérieur. *Pause*

De Lahouse – *Parole*

Le Directeur- Oui oui, si c'est cela ne vous inquiété pas. J'ai déjà versé la sommes de trois fois neuf cent million à votre entreprise et je vous rassure aussi que votre hôtel sera pris en charge lorsque vous serez là pour la construction. *Pause*

De Lahouse- parole

Le Directeur- Non non cas même vous n'allez pas dormir sur le chantier Monsieur. Vous êtres Monsieur De Lahouse après tout !! L'un des plus grands architectes du monde. Ce sera un plaisir pour moi de vous loger pendant les uns ans de la construction de ma maison, à Radisson Bleu Hôtel. Et rassurez-vous, vous serez logez avec toute votre équipe. *Pause*

De La House – Parole

Le Directeur- Non non Monsieur De LaHouse vous n'allez pas me refusez cela. Il faut que vous soyez bien logé afin que mon travail soit fait dans de bonnes conditions cas même. Donc je vous attends. Dès demain je vous envoie le reste des 100 millions plus 7 million pour les frais de vos billets d'avions. Mais rassuré moi que vous me construirez la plus belle maison parmi les maisons des membres du gouvernement. Vous savez Monsieur le premier ministre vient de construire un domaine sur une superficie de 70 hectare je voudrais que le mien dépasse le sien car j'ai d'autres ambitions. Et puis pour lui n'a fait que 700 millions. Je m'en moque. Donc je compte sur monsieur De La House. Ok. *Pause*

De Lahouse- Parole

Le Directeur- Ok merci bien à vous Monsieur. Et à très bientôt.

La conversation au téléphone pris fin et il se tourna vers Salia qui avait attendu déjà pendant 30 minute. S'adressant à Salia :

Le Directeur- Jeune homme vous allez bien j'espère ? Excusez-moi de vous avoir faire entendre mais ce sont les affaires qui sont trop. Et on a tellement de charge que nous n'arrivons pas à tout gérer à temps. Mais on dirait que je vous connais quelque part. Vous avez déposez vos dossiers ici n'est-ce pas ?

Salia- Oui monsieur. C'est ce qui m'amène ce matin même dans votre bureau.

Le Directeur- Oui je vous connais bien. C'est vous qui avez eu l'autres fois des discussions avec mon régisseur. Je vous ai vu et on m'a remis votre dossier de manière personnelle. Cela fait plus de deux mois que vous trainez ici n'est-ce pas ? Vous allez encore trainer car je n'aime pas qu'on manque du respect à mes employés. Il vous à donner les conditions de nos financements, si cela ne vous arrange pas, vous n'avez qu'à laisser mais vous ne devrez parler mal à qui que ce soit. Ok.

Salia- Mais monsieur je ne comprends pas une chose, lorsque le projet d'aide à la jeunesse fut lancé, il n'a été dit nul part que vous devrons retirer 500 cent mille franc sur un financement d'un million.

Le Directeur- Mais vous pensez quoi ? Jeune homme ? Que tout doit être dis à la télé quand on vient vous présenter les projets de développement. Vous aurez un financement de un million cinq cent mais vous ne recevrez qu'un million. C'est à prendre ou à laisser.

Salia- Monsieur si c'est le cas, lors du remboursement je paye combien ?

Le Directeur- Vous avez été financé à combien ?

Salia- A 1 million

Le Directeur- Ah bon, c'est un million qui est écrit dans votre demande de projet ici ?

Salia- Non monsieur, mais pourquoi vous me remettez 1 million pendant que c'est 1500000 que j'ai demandé et en retour vous me dites de payer 1500000 comme remboursement ?

Le directeur- Et avec les fais bien sûr jeune homme.

Salia- Quoi ? Mais est-ce que vous vous entendez parler là monsieur ? Ou vont les 500000 f ?

Le Directeur- Cela ne vous regarde pas jeune homme. Et c'est parce que je suis de bonne heumeur sinon je vous aurez mis dehors pour m'avoir nargué à mon lieu de travail. Depuis avant votre naissance, le financement des projets a toujours été ainsi à Bigtonguie. Si cela ne vous arrange pas vous n'avez qu'à retourner dans votre galère de vie d'étudiant. Vous pensez que c'est vous seul qui savez parler le français ? Regarde-moi ça. Vous avez eu la chance que votre financement a été fait et nous ne pouvons plus la faire retourner. Sinon...

Il donna la fiche d'émargement à Salia qui hésita d'abord avant de les prendre. En état d'hésitation, une idée lui vin en tête. Prendre l'argent et ne jamais le rembourser. C'était cela son plan. Il prit donc les fiches et commença par les remplir et les signer. Le Directeur quant à lui souriait car une autre somme de 500000 venait de descendre dans son compte. Et c'était ainsi chaque jour. Chaque jour pour chaque jeune financé, il gagnait cinq cent mille franc dans son compte qui était déjà bourrée de blanchissement. Lorsque Salia finit de remplir les fiches, le Directeur lui remplit le chèque de 1500000 et lui remis. Et Salia lui demanda :

Salia- Mais c'est rester définitivement sur 15000000 ?

Le Directeur- Jamais petit. Tu as reçu un chèque de 1500000 mais tu recevras 1000000. Le reste concerne la banque et moi. Vous partez tout simplement à la banque dans le bureau 12 et vous remettez le chèque ils vous verseront en retour votre 1000000f. *Il tend le chèque à Salia avec un billet de 10.000f juste pour son transport. Salia lui demanda :*

Salia- Et ces 10.000 f

Le Directeur : Ils sont pour vous. C'est moi qui vous le remets comme prix de transport. Tu sais vous les étudiants vous n'avez rien si ce n'est pas le parler. Prenez le pour votre transport. Aller prenez !!!!

Salia- Oui mais nous avons plus que ce que vous avez. Nous avons la loyauté et la bonne moralité qui nous permettrons d'assainir les administrations Bigtnguaises des gens comme vous. Remettez-moi juste ce qui m'est de droit *Il prend son chèque entre les doigts du directeur et sort...*

Le Directeur- Ok. Appelez-moi le suivant alors... *Un fois salia devant la porte Salia s'arrêta et regarda derrière lui pour fixer le directeur avant de claquer la porte. Il sort...*

SCENE 2- PapaSalia chez la famille Katherine

Au lever du rideau, Papa Salia vient de rentrer dans la cours de la famille Katherine. Il trouve la fille de son ami habillée dans une robe moulante qui lui arrive à peine sur les genoux. Abaissée, elle est en train de laver quelques habilles. PapaSalia, une fois dans la cour, fait plus de trente minutes-arrêté derrière la jeune fille avant de lui lancer une salutation.

PapaSalia- Bonsoir la sexy Koni. *Cette appellation étonna Koni*

Koni- Bonsoir tonton PapaSalia. Bonne arrivée.

PapaSalia- Je t'ai dit d'arrêter de m'appeler tonton. Tu sais tu n'es plus une petite fille. Même si ton âge refuse d'augmenter à la mesure de ta taille sache que ta forme est prête à supporter mes cinquante-cinq ans.

Koni- Eh tonton papaSalia, ce français est énorme pour moi. Soit plus explicite.

PapaSalia- C'est aussi simple qu'appeler un jeune comme moi par le nom tonton. Laisse-moi te dire ma petite. Ta beauté me donne une envie folle de te déguster à la petite cuillère. Allé tiens prends mon numéro. Surtout qu'actuellement votre famille est dans un besoin énorme.

Koni- Qu'elle besoin ?

PapaSalia- Je sais qu'actuellement vous cherchez l'argent pour votre frère qui est parti en Europe. Je sais qu'il a un véritable problème économique. Trouver sept cent mille franc actuellement pour lui est le seul souci de votre belle famille.

Koni- Mais qui vous l'a dit tonton PapaSalia !!!

PapaSalia- Si tu arrêtes de m'appeler Tonton je te le dirai

Koni- Mais ...

PapaSalia- Bon tout cela est long. Laissons tomber cette histoire de qui m'a dit, je veux tout simplement que tu saches que je peux belle et bien vous aider. C'est vrai que je ne peux pas tout vous donnez, je pourrai bien vous aider. Mais à condition que tu ne ...

Koni- Que je ne ? Je ne quoi Tonton PapaSalia

PapaSalia- *S'énervant contre la jeune fille-* Mais vous les jeune d'aujourd'hui vous faites souvent comme si vous ne comprenez pas les choses. Il faut qu'on vous répète ce que vous saviez déjà. *Fixant Koni dans les yeux,* Regarde moi jeune fille. Ne vois tu pas dans mes yeux cette flamme qui veux que tu deviennes ma copine ? Regarde bien *Il écarquille ses yeux.*

Koni- Hummmm tonton !!!

PapaSalia- Allez !!!! Tiens prends ces 10.000 f avec mon numéro, je pourrai bien résoudre le problème de votre famille. Allez attrape-ça !!!! *La jeune fille toute hésitante prend l'argent*

avec le numéro lui fait un sourire qui disait déjà qu'elle avait cédé à la tentation du vieux PapaSalia. Lui à son tour s'approcha de la jeune fille et lui toucha la main en disant.

PapaSalia- Vous avez une peau aussi molle et si douce !!!! Dès ce soir si tu acceptes mon organe génitale au sein du tien, voilà ce que tu auras *Il fait sortir plusieurs liasses de billet de banque en coupure de 10.000 franc.*

Koni- *Fixant papaSalia dans les yeux, lui saisit la main pour la déposer sur ses seins. L'appuya et se colla à papaSalia, fit sorti sa langue telle une prostitué en quête d'un client, la lapa avant de dire :* PapaSalia, tu seras servir à la hauteur de mon âge. Tiens, touche mois ses deux petits nichons. *Elle prit les doigts de PapaSalia pour toucher le bout de ses seins avant de les faire descendre sur son ventre. Après elle se colla encore d'avantage à PapaSalia et fit descendre les mains de l'homme à la hauteur de son sexe. PapaSalia à son tour lui saisit les cheveux, les tira par arrière pour soulever sa bouche avant de l'embrasser avec une petite rage telle l'incontournable Roco Safredi dans l'épisode 7 d'un film de court métrage. La jeune fille comme une habituée, fit passer ses jambes entre celle de PapaSalia. Elle mit ses mains à sa hanche et tira avec passions la gaine de son slip. Lorsque celle-ci résonna ''plak !'' Papa Salia roucoula, son sexe était entre les doit de la jeune fille qui le lui malaxait avec un geste de va-et-vient. Elle n'avait qu'une seule chose en tête : montrer à PapaSalia, celui qu'elle appelle tonton PapaSalia, celui qui veaux son père, qu'elle était certes une jeune fille mais qui avait l'are du sexe. PapaSalia tête en l'air, pensait à une seule chose : Montrer à la jeune fille, celle qui vaut l'âge de son troisième enfant qu'il avait perdu dans un accident de circulation, celle qu'il appelait autrefois sa fille, celle qu'il porta sur son pied quand elle était bébé ; qu'il était certes un homme âgé mais qu'il avait la maîtrise du sexe. Les deux donc se défendait comme ils peuvent pour ne pas terminer ridicule. PapaSalia à un moment fit passer sa main sur les fesses de la fille, l'appuya et dit-* Waooo comme tes fesses son aussi douce telle celle de Nicky Minaj. *La jeune fille à son tour fit passer ses mains sous son tricot et lui toucha les poile de sa poitrine, après quoi elle clissa sa main dans son pantalon lui sera ses organe génital, les pressa avec une rage au point que PapaSalia poussa un petit cri de plaisir, la jeune fille le fixa dans ses yeux et lui dire « tu te sens bien n'est-ce pas ? » PapaSalia avec toute une difficulté de répondre, rétorqua « et toi tu te sens bien aussi ? » Il commençait à s'affaiblir, son corps était à une température élevée, sa respiration s'accélérait et les mots qui sortaient de sa bouche s'entrecoupaient. Voyant sa défaite dans les attouchements, il dit à la jeune fille- Et si on se donnait rendez-vous pour ce soir à l'hôtel Plaisir Bigtonguais ? La jeune fille lui répondu par un oui sec et lui donna l'heure. Avec une* *main souple elle tapota la joue de PapaSalia, releva sa fermeture éclair. Après quoi, elle mit sa main dans la poche de PapaSalia et tira ses billets de banque précédemment mis comme appât. PapaSalia à son tour lui remit le reste et lui dit « à ce soir ». La jeune fille le regarda partir et fit un geste d'accord sexuel qui consiste à se mettre les doigts dans la bouche en la lapant. A peine papaSalia arriva vers la grande porte, GrainInfo père biologique de Koni, sorti sa tête et Koni avec une peur dis :*

Koni- Papa tu es là ? Il y a longtemps que tu es là ?

GrainInfo- Qu'est-ce qu'il y a ? Tu es toute étouffé en parlant ? Qu'est-ce qu'il y a ?

Koni- *Bégayant-* Oui, non moi, non au fait je je ne suis pas étouffé il y a que, oui oui je suis tout étouffé à cause de mon linge. Mais dit moi il y longtemps que tu tu es là ?

GrinInfo- Non j'étais sous la douche et je viens de m'habiller pour sortir. Pourquoi cette question ? Qu'est-ce qu'il y a ?

Koni- Au faite rien. Il y a que mon, ton ami PapaSalia vient de quitter ici tout à l'heure.

GrainInfo- Je t'ai dit ne pas l'appeler PapaSalia, il vaut ton père Koni ! C'est même ton père. Ne sais-tu pas qu'à ta naissance c'est lui qui a amener ta maman à l'hôpital quand elle était à terme. Donc arrête de l'appeler par son nom PapaSalia. Dis plutôt Tonton PapaSalia. Ma fille. Ok ?

Koni- Oui papa. C'est compris. Il vient de partir toute suite.

GrainInfo- Mais pourquoi ne s'est-il pas assis ? C'est bizarre cas même ! PapaSalia chez moi sans s'assoir ? C'est nouveau ça !! Bon comme nous devrons aller chez Kino pour le grain c'est pour ça il était pressé.. Bon je vais le trouver là-bas. Ta mère est dans la chambre, il faudra là voir car elle dit qu'elle est beaucoup fatiguée. Donc va la voir de temps à autre. Moi je vais à mon grain.

Koni- Oui, c'est compris papa. Je viens de finir ma lessive. Je vais même la voir maintenant. *Elle ramasse un pagne et va dans la chambre pendant que GrainInfo sortait de la scène. Koni une fois dans la chambre, réveilla sa mère avec une grande joie. Elle venait d'avoir un peu d'argent pour les problèmes de sept cent mille que traverse leur famille. Lorsqu'elle arriva en chambre elle dit :*

Koni- Maman maman réveille-toi.

Katherine- Oui Koni, tu sais que je ne suis pas de bonne humeur non ?

Koni- Eh maman je le sais, et je sais aussi pourquoi tu n'es pas de bonne humeur ? *Cette parole fit sursauter Katherine. Car elle seule savait la raison de sa mauvaise humeur. Etait seulement pour les sept sens mille franc ? Non il y a une autre cause que personne ne devrait savoir. Mais elle pensait que sa fille était au courant. Elle lui demanda donc :*

Katherine- *Avec une voix de déception-* Ah bon ma fille tu le sais ma fille ? *Avec une voix de colère* Qui te l'a dit qui ? Qui ?

Koni- Mais maman qu'est-ce qu'il y a ?

Katherine- Rien ma fille, je ne peux que vous demandé pardon. Car c'est une plus grande hante pour moi d'avoir cou… *Elle n'avait pas fini sa parole que Sa fille lui dit :*

Koni- Non maman c'est n'est pas une honte nous y arriverons. Ce n'est pas une honte d'avoir envoyé son fils en Europe et ne pas avoir de l'argent pour lui donner quand il est dans les problèmes. Ne te soucie pas pour cela. Je sais que c'est la raison de ta mauvaise humeur. *A cette parole, Katherine se retient rapidement et dit dans son fort intérieur : « Mon Dieu donc c'est ce qu'elle prend comme la seule cause de ma mauvaise humeur ? Dieu merci. Je pensais qu'elle était au courant de ce que j'ai fait hier nuit pour avoir les quatre cent mille pour mon fils. Merci mon Dieu. Merci de m'avoir donné la force de pouvoir me retenir. » Puisqu'elle était pensive, sa fille lui dit :*

Koni- Maman maman maman

Kathherine- Oui ma fille, je suis là je t'entends très bien. Merci beaucoup pour ton soutien. J'ai déjà rassemblé quarte cent mille franc il nous reste trois cent mille franc.

Koni- Mais maman cela veut dire que le problème est résolu.

Katherine- Oui ma fille c'est cela. Un peu un peu nous y arriverons.

Koni- Mais où as-tu eu cet argent ? A ce que je sache tu ne vas pas au marché c'est temps-ci ?

Cette question voulue la mette à nouveau dans état de dépression mais elle sut se retenir. Avec beaucoup de soulagement elle dit :

Katherine- Tout chose n'est pas bonne à dire ma fille. Si à la base tu sais que je suis une femme battante, retiens tout simplement que je peux avoir les quatre cent mille. Ne dit-on pas que tous les moyens sont permis pour arriver à Rome ?

Koni- Oui maman. C'est vrai. J'ai confiance en toi. De mon côté, j'ai pu avoir cet argent pour t'aider. Tient comptes-le. *Elle tend l'argent à sa mère.*

Katherine- Ma fille !!! Qui te l'a donné ?

Koni- Maman s'il te plait contente toi de compter cet argent et ne pose pas trop de question. Ne dit-on pas que tous les moyens sont permis pour arriver à Rome ?

Koni elle-même ne savait pas combien elle avait pris dans la poche de PapaSalia.

Katherine- Mais comment il se fait que tu viennes avec une somme dont toi-même tu ignores la totalité ?

Koni- Maman pardon tu aimes trop poser les questions. Libère moi vite je dois aller travailler. Compte cette somme et ajoute-le à ce que tu as déjà. *La mère la regarda et se mis à compter la sommes d'argent. Après elle lui dit :*

Katherine- Deux cent dix mille ma fille Cela fait deux cent mille Franc. C'est trop ma fille. Où as-tu eu cette somme ?

Koni- *Sans tenir compte de la question de sa mère elle lui demande à son tour*-Maman maintenant il nous reste combien. Je pense qu'il va nous rester cent mille.

Katherine- Oui c'est cela ma fille. Il va nous rester cent mille. Pourtant l'argent doit parti après-demain.

Koni- Maman on aura cet argent. Tu peux compter sur moi. Dès ce soir je t'enverrai le complément. Ne me pose pas de question. Contente-toi de prier Dieu pour moi afin que tout se passe bien.

Katherine- C'est compris ma fille. Vraiment je suis fière de toi.

Koni- Bon il faut que je parte maintenant car je dois vite finir la cuisine pour un rendez-vous ce soir. Je suis dehors maman. *Elle sort....*

Katherine- Merci beaucoup ma fille. Je serai avec toi tout l'heure. *Elle se lève part déposer l'argent tout en admirant la somme de six cent mille franc réunie pour son fils. Une fois qu'elle retourne elle attrapa le rideau de sa chambre pour le faire tomber.*

SCENE 3- Au grain de Kino

Au lever du rideau, Kino est assis sur une chaise. Il admire le lever du soleil. Il attend son ami PapaSalia qui vient chaque jour chez lui dès le matin prendre un verre de thé Artemisia Annua. Car on l'aurait dit cette plante est très curatif et préventif pour le paludisme. Cependant PapaSalia tarde à venir. Cela est étonnant pour Kino qui sait que son ami n'a jamais laissé une seule matinée sans venir prendre son verre thé d'Artemisia Annua. Assis, il lit son œuvre Bintou de Koffi Kwaolé qui est une pièce théâtrale sur la jeunesse. Peut de temps après, PapaSalia fait son entrée. Il prend une chaise, tout souriant. A son ami donc d'engager la causerie.

Kino- Mais mon ami où as-tu passé la nuit pour venir aussi en retard ce matin ?

PapaSalia- Mon cher ami, la vie est belle, la vie est jeunesse ma nuit s'est tellement bien passée que j'ai faillir y rester.

Kino- Mais dis-moi alors qu'est-ce que te mets dans une joie aussi extrême !!!

PapaSalia- Contente-toi de jouir de ma joie et ne m'en demande pas plus. Car je ne saurai l'expliquer à quelqu'un. Retiens seulement que ma nuit s'est bien passée entre les jambes d'une très petite jeune fille.

Kino- Mais avec ton âge là encore mon ami ? Non non non

PapaSalia- Mon cher ami l'âge est une grâce qu'il faut mériter et non une un poids qui nous écrase. Donc laisse-moi vivre ma jeune vieillesse avec qui me semble jeune. *Il marmonne un une chansonnette.*

Kino- Mon ami- Tu penses pouvoir être un si grand philosophe au point de me mélanger avec tes citations ? Pas plus tard qu'avant-hier, non hier même tu m'a dit que tu avais couché avec une femme âgée a qui tu as remis la sommes de quatre cent mille franc. Voilà qu'aujourd'hui encore tu viens me dire que tu étais avec une jeune fille

PapaSalia- Très jeune mon ami, et qui maîtrise la chose plus que sa mère.

Kino- Attend, tu veux donc dire que tu as couché avec la fille de la vielle femme dont tu es sorti hier ?

PapaSalia- Mais non toi aussi. C'est juste pour dire que la jeune fille vaut la fille de vielle qui fit ma femme hier nuit. Attend laissons cette parole tomber ma cher ami. Dis à ta femme de m'apporter mon thé. Le soleil commence à briller il va bientôt fait chaud.

Kino- Tu te rappelles lorsque nous étions jeune dans les années 80 !!

PapaSalia- Oui oui

Kino- En ce temps-là tu refusais de vivre ta jeunesse. Tu n'aimais pas approcher les jeunes filles. Tu n'aimais pas aller au cinéma ni dans les espace détentes. Tu avais ce complexe-là qui te retenait sur toi-même. Sache que c'est ce prix que tu es en train de payer aujourd'hui à ton âge adulte. Mais n'oublies pas que la jeunesse et la vielles sont deux stades différents dans la vie d'un homme. Cependant les deux dans un corps, rendent ce corps ridicule. *A cette parole de son ami, PapaSalia baissa sa tête après quoi il la souleva pour fixer son ami dans les yeux et lui dit :*

PapaSalia- Tu as parfaitement raison mon ami. J'ai été trahi dans mon âge par le complexe de la honte au point où je n'ai pu faire de jeunesse. Aujourd'hui me voici avec une conscience pédophile sans que je ne m'en rende compte. Je suis devenu esclave de mon âge d'adolescent. Mon corps veut se détacher de lui mais mon âme le refuse. *Il avait presque les larmes aux yeux. Il fut tellement découragé qu'il n'a pu attendre le thé qu'on devrait lui offrir. Son ami lui aussi connaissait bien son passé. PapaSalia eu une enfance compliqué et une jeunesse renfermée. On le surnommait en ce temps le Lesolitaire. Il restait toujours dans son coin. N'avait pas trop d'ami, parlait moins et partait très rarement dans les rencontres de la jeunesse. Il se souvenait même de son jour de mariage qui fut boycotté par les jeunes de son quartier en ce temps. Ceux-ci lu en voulaient parce qu'il ne se rapprochait pas d'eux. Sa femme MamanSalia lui a été offerte par sa tante qui avait vu en lui un homme sournois qui aurait des problèmes à approcher ou se trouver une femme. Ce n'est qu'après son mariage qu'il comprit la vie et qu'il réalisa que chaque chose à son temps mais chaque temps n'a pas sa chose. Assis sans mot, PapaSalia se leva pour partir sous le regard piteux de son ami Kino qui resta assis. Peu de temps après, Il vit son fils Boukri venir toujours avec sa béquille. En effet, Boukri, fils de Kino, avait été touché par balle lors des élections présidentielles. Boukri, jeune étudiant avait suivi la parole destructrice de la Bigtongui cette parole qui disait « Jeune de Bigtongui sort pour aller libérer ton pays » Or il était sans arme face à des gens armés qui n'avaient qu'une seule idée en tête « tuer celui qui s'oppose à la candidature de leur président considéré étranger en Bigtongui qui avait beaucoup fait pour la Bigtongui dans les année 90 pendant le mandat du premier Président Bigtongais l'homme au chapeau mou. C'était des accusations sans fondement et même des xénophobies contre ce président. Boukri, lui était de ces xénophobes. Il fut soudoyé par les deux milles franc que lui donnait le chef des patriotes plus un tricot avec l'image du président à défendre. C'était au campus une* *de ces matinées où le président des patriotes avait tenir ce discours « Je demande à la jeunesse de Bigtongui de s'organiser en clan pour empêcher les étranger de circuler dans notre pays ». Se prétendant être un homme de paix, il faut dire que ce jeune président patriote avait cas même envoyé plusieurs jeune à l'abattoir en cette période d'élection. Mais comme on le dit si bien « la faute n'est à celui qui appelle mais à celui qui réponds sans savoir pourquoi il répond » Boukry avait répondu à l'appel du président des patriotes et s'était mélangé à la foule. Et lors de la marche, il prit plus de trois balles dans le dos et une dans le cou. Il fut sauvé par des médecins sans frontière. Il ne trouva pas donc la mort mais il fut paralysé du pied, de la main gauche et n'a plus su parler correctement. Les balles lui ont touché la colonne vertébrale. Pourtant, bien avant ce incident, il avait écrit plusieurs courriers au président des patriote pour que ce dernier l'aide financièrement à payer sa bourse d'étude pour les Etats-Unis. Celui-ci n'avait pas pris cette affaire au sérieux aux points où la date de sa bourse d'étude fut expirée. Une bourse qui avait été obtenue avec beaucoup de travail. Boukry se rappel toujours de la parole que lui avait dit le chef des patriotes « Aide moi à militer pour mon président afin qu'il prenne le pouvoir par tous les moyen et à la suite je deviendrai un membre du gouvernement pour que tu puisses avoir ton argent pour la bourse et continuer tes études. ». Était-ce cette parole qui l'avait conduit à aller dans la rue ? Cette question reste posée dans la tête de tous les jeunes qui sont resté sans travail après avoir conduit ledit président au pouvoir par tous les moyens. Aujourd'hui Boukry est paralysé. N'arrive plus à aller à l'université. Pourtant c'était un enfant très intelligent qui validait ses années universitaire sans problème. Il était en année de Master 2 quand il eut cet inscident. Cependant bien qu'étant paralysé, Boukry ne reste pas sans rien faire. Il se bat pour son avenir afin de ne pas finir sur les carrefours comme ces milliers de handicapés morts bien qu'ils soient en vie. Boukry est resté toujours la tête haute. Avec son courage et son abnégation, il a créé plusieurs organisations telles que l'organisation NE DONNE PAS TON CORPS POUR UN POLITICIEN, LE CLUB MOYEN D'AUTO ASSISTANCE et plein d'autre organisation sectoriel dans la ville. Il voulait ressembler à Jarrus Robertson l'enfant qui eu le prix Nobel de l'espérance en 2017 et propriétaire de LA FONDATION TAKES LIVES TO SAVE LIVE[1]. Il est adepte de tous ses hommes handicapé qui ont su construire leur avenir malgré leur défaut physique. Comme il aime bien le dire Jarrus Robertson est son inspirateur qui le conduit partout dans ses projets. Comme d'habitude, il venait ce matin encore dire le bonjour matinal à son papa avant de partir*

[1] TAKE LIVE TO SAVE LIVE est une ONG Américaines luttant pour les personnes en situation de greffe de foi. Son fondateur est JARRUS ROBERTSON

sortir. Malgré son handicap, son papa voyait toujours cet enfant capable de le sortir de la misère Bigtongaise. A peine son papa le vit ce matin, il l'appela pas son d'encouragement :

Kino- Jerrus Robertson *A son fils de répondre avec joie et abnégation*

Boukri- Oui papa

Kino- Je suis fier de toi mon fils. *Pour dire merci, Boukri avait tout ce problème d'audition à cause de son handicap mais son père lui, le comprenait si vite par ses gestes qui accompagnaient sa parole. C'est ainsi qu'il fit le signe de respect en joignant ses deux paume et s'inclinant un peu. Son papa fit deux pas vers lui et lui toucha la tête, signe de bénédiction matinal. Une fois fini, Boukri continua dans sa marche vers le portail et Kino à son tour lui se leva, pris sa chaise et sa pièce théâtrale qu'il admira un temps soit peu et marcha vers sa chambre en murmurant.*

SCENE 4 : L'appel de Kalonzo

Au lever du rideau, Kalonzo est au téléphone. Il communique avec son frère parti en Europe par la voie de la mère. Ce dernier après plusieurs mois de misère passés entre l'Empedouza et la Lybie est enfin rentré. Avant son départ, connaissant la situation difficile de ses parents, il se demande comment sa mère a pu trouver l'argent si vite pour lui envoyer lorsqu'il était en prison en Lybie. Son frère Kalonzo lui explique.

Kalonzo- Allo allo mon frère comment vas-tu aujourd'hui ?

Binguisse- Oui si je suis encore en vie je remercie le bon Dieu. Sinon que ce n'est pas facile actuellement ici pour moi.

Kalonzo- Tiens bon mon frère. Tiens bon.

Binguisse- C'est n'est vraiment pas facile mon frère. Figures toi que ça va me faire bientôt cinq ans que je suis au camp de réfugier. C'est vrai qu'ils nous donnent de la nourriture mais laisse-moi te dire que nous vivons comme des rescapés. Mais laisse tomber je ne vais pas te faire peur retient seulement que ce n'est pas facile actuellement. Et la famille, tout le monde va bien ?

Kalonzo- Oui tout le monde va bien. C'est ta maman qui est devenu très pensive ces derniers temps. Car elle a trop donner pour ton départ.

Binguisse- Oui je le sais très bien. Je vois vraiment c'est efforts. Je me demande jusqu'à présent comment elle a fait pour rassembler sept cent mille en un temps record quand j'étais en prison en Lybie lors de mon voyage.

Kalonzo- Vraiment je me demande cela. Il y a aussi ta sœur qui a participé. Ta mère à donner quatre cent mille et ta sœur a complété à sept cent mille. Je me pose aussi la question de savoir comment ont-elles fait pour trouver cet argent. Pourtant le maire de la ville de Bigtongui avait déjà cassé leur place dans le marché.

Binguisse- Mais c'est vraiment des combattantes. Donc ma sœur a participé aussi ?

Kalonzo- Oui elle a participé à hauteur de trois cent mille franc.

Binguisse- Je leur dit vraiment merci pour leur soutien. Mais et papa je sais qu'il a su maintenant que c'est moi qui lui ai volé son argent de dédommagement.

Kalonzo- Non mon frère. Il ne t'a pas accusé. C'est plutôt moi que maman a accusé d'avoir pris l'argent de papa. Puisque je suis considéré comme le bon à rien dans la famille.

Binguisse- Comment cela mon frère ? Mais fallait lui dire que c'est moi qui est pris son argent.

Kalonzo- Non mon frère. Tu sais avant que tu ne partes, tu étais considéré comme l'enfant prodige. Tu travaillais et tu faisais beaucoup pour la famille. Rappelles-toi le jour où tu as sauvé maman de la prison en lui payant son crédit de deux cent cinquante mille. Tout cela a fait que papa ne t'a pas accusé mais c'est plutôt moi que maman à accusé. Papa n'a accusé personne mais il était beaucoup fâché. Tu sais aussi que c'est un homme tellement honnête que tant qu'il n'a pas vu son voleur il n'accuse personne.

Binguisse- Oui c'est cela. Ne jamais porté de préjudice sans fondement. Mon papa est vraiment un homme hors norme. Il n'a jamais cru à la religion mais respecte les règles de la religion plus que les religieux. Mais dans les jours à venir je lui dirai que c'est moi son voleur. Mais avant ce jour je le rendrai heureux. Comment ça va au quartier Bigtonguie là-bas Tout le monde va bien ?

Kalonzo- Le Bigtonguie est devenu très compliqué et mystérieux.

Actuellement trop d'enlèvement d'enfant. Figure toi ce qui s'est passé autrefois. L'enfant bien aimé du quartier Bouba, l'enfant charismatique a été tué par un jeune homme.

Binguisse- *Enchainant les questions* - Quoi ? Quel enfant ? Quel Bouba ?

Kalonzo- Le même Bouba du quartier. Il a été assassiné par un bijoutier le même bijoutier du quartier

Binguisse- Mon Dieu !!!! Qu'est-ce que tu me dis là ?

Kalonzo- Ah c'est avec les larmes aux yeux actuellement que je te parle. Le petit enfant aimé de tous a été tué par le jeune qu'il appelait papa. Sais-tu comment il l'a tué ? Il l'a égorgé et l'a enterré dans la forêt de TERRE.

Binguisse- Mon Dieu si la forêt de TERRE pouvais parler un jour !!!! Mais qu'est-ce qu'ils ont fait de cet assassin ? J'espère qu'ils l'ont tué en retour !!! Non non non J'espère qu'il l'on tué en retour ? Car si ce n'est pas fait je t'assure d'ici, où je suis-je, vais déléguer des gens pour le faire.

Kalonzo- Sa mort à tellement fait mal à toute la population bigtongaise que même les prisonniers refusent que l'assassin vienne en prison. Tout le monde demande sa mort. N'as-tu pas vu les publications sur les réseaux sociaux ?

Binguisse-Non ma situation actuelle ne me permet pas d'avoir un téléphone. Mais cet assassin est sans âme, C'est inhumain.

Kalonzo- Vraiment mon frère. Il y a un prisonnier qui a dit ceci sur les réseaux sociaux : *« Ici à la maca, nous avons tout sorte de criminel que nous acceptons. Mais nous n'avons pas encore un criminel comme celui de Bouba. Tuer un enfant qui te prend comme son père. Si vous vous amusez à l'envoyer chez nous ici à la maca je vous assure qu'il ne fera pas une seule minute dans la prison car je lui ferai la même chose qu'il a faite à l'enfant prodige Bouba. Je ne connais pas l'enfant en question, je ne l'ai jamais connu. Mais je sais que c'était un enfant bien car s'il n'était pas bien ce délinquant de bijoutier, cet assassin, ce criminel n'allait pas pouvoir l'avoir pour le tuer. Je ne sais pas comment allez-vous faire avec cet assassin mais je peux vous rassurer que nous prisonnier n'allons pas accepter de vivre avec un assassin de ce genre.* Le prisonnier pleure en parlant. *Moi je suis un assassin j'ai été condamné à vingt ans de prison ferme pour avoir tué un homme qui a détourné mon argent de travail. Pourquoi suis-je en prison ? Parce que je n'ai pas laissé la justice faire son travail. Mais je suis tout heureux car j'ai tué pour une bonne cause. Mon argent de travail est ce qui me permet de nourrir ma famille, c'est la sueur de mon front. Donc don't dance in my end zone comme le disait Jerrus Robertson. Tout simplement je veux que la jeunesse* *comprenne à travers mon message que seul le travail paye. C'est n'est pas en partant chez les marabouts qui vous diront de faire des sacrifices humains qui vous rendront riche. On ne prend pas la vie d'un enfant car l'enfant est un don de Dieu. Vous avez pu tuer un enfant parce que vous être âgé aujourd'hui mais vous êtres âgés parce qu'on vous a laissé vivre quand vous étiez enfant hier. Je reviens encore pour le dire que si cet assassin de Bouba met pied ici, je vais l'abattre quel que soit la cellule dans laquelle il se trouvera. Je maudis le marabout qui l'a conduit à faire ce genre d'animosité, je maudis toute la famille des soit disant marabouts qui encouragent la jeunesse aux actes criminels. Je maudis les marabouts aujourd'hui je les maudis demain. Que leurs textes sataniques leur servent de voiture pour entrer dans le feu de l'enfer le jour de la résurrection Prôné par notre créateur suprême Allah ho Soub Ana watahlah et son messager Mohamed (PSA). A la famille déplorée, je leur présente toutes mes sincères condoléances. Paix à l'âme de leur fils. Que le charisme que refermait leur enfant soit légué à leur famille. Bouba était un enfant aimé rien qu'à voir les manifestations contre sa mort tragique. Que la famille sache une chose « le charisme qu'avait Bouba, distribué à toute la famille en restera encore même les descends de votre famille jouirons encore de ce charisme ». Paix à l'âme de Bouba. Qu'il compte sur moi à travers mes livres, à lui rendre hommage. Oui je lui rendrai hommage par mes livres écris depuis la cellule 77 du bâtiment C de la MACA. Je vous remercie famille.*

Binguisse- Quel bon message de sa part. C'est vraiment déplorable ce qu'a fait cet homme. Un innocent qui n'avait que 6 ans.

Kalonzo- Certains accuses le système bigtonguais de n'avoir pas donné du travail à la jeunesse et par conséquent la jeunesse se tourne vers les actes de vandalisme pour survivre.

Binguisse- Non ! Là, je les arrête toute suite. Ce n'est pas parce qu'ils sont au chômage qu'ils s'adonneront aux enlèvements d'enfant et aux atrocités. C'est plutôt la facilité qui les mène dans cette monstruosité. Pour une fois laisser le système Bigtonguais en dehors de ça.

Kalonzo- C'est vrai mon frère tu as parfaitement raison. C'est la facilité qui les mène dans ces actes de vandalisme.

Binguisse- C'est claire, changeons de sujet même car j'ai très mal actuellement. Je pense que je vais te laisser maintenant l'appel pour le rassemblement pour la réunion au camp de réfugier a commencé. Il me faut aller maintenant.

Kalonzo- C'est compris mon frère. Merci bien et toujours est-il que je te souhaite beaucoup de courage. Merci et à bientôt. *Kalonzo raccroche et voit sa sœur Koni venir vers elle.*

Koni- Qu'est-ce que tu racontes à Binguisse là-bas ? Tu veux forcement savoir ou j'ai trouvé l'argent pour lui envoyer ? Pourquoi tu aimes ce gens de chose ? C'est l'argent qui t'intéresse ou c'est l'origine de l'argent qui t'intéresse ? Il y a des choses qu'il ne faut pas faire. On t'a remis l'argent pour notre frère envoi lui sans rien dire, sans poser de question. Tu nous connais a tant que voleuses ? Tu nous reconnais en tant que prostituée ?

Kalonzo- Non.

Koni- Donc arrête un peu de chercher l'origine de l'argent que nous dépensons. *Entre Katherine un peu furieuse. Elle parle en traversant la scène.*

Katherine- Laisse le chercher l'origine de notre argent, lorsqu'il le saura il comprendra combien de fois je suis prête à me sacrifier pour que mon fils prodige continue son aventure. *A Koni-* Koni suis moi il faut qu'on aille voir à la mairie pour mon problème de place dans le marché. *Koni suit sa mère et les deux sortent...*

Kalonzo- *Les regarde partir, fait la moue et dit-* Quel est cette histoire d'origine de l'argent qu'ils ont donné à mon frère ? Ou bien doutent-elles d'elles-mêmes ? On verra, l'avenir nous dira le reste. *Son portable se met à sonner. Il regarde sur l'écran, c'est l'un de ses amis de l'université. Il se rappelle si tôt qu'il avait un rendez-vous au campus. Sans décrocher il court s'habiller et ressort en vitesse avec un laikè (chaussure de jeune) aux pieds. Il était en position de palabre. Il mit un petit sac au dos et part toute en vitesse...*

SCENE 5 : A l'université de Bingtonguie

Au lever du rideau, deux groupes de syndicat des étudiants se font la guerre suite à une discussion qui s'est passé pour le menu de la restauration. Lorsqu'un premier groupe se plaignait regroupé devant le restaurant de l'université. Ils se plaignent de la restauration faite. Il se trouve qu'ils ne mangent que le riz et l'attiéké. Ils ont donc décidé de faire une grève contre cela. Salia, au campus, les voit dans la brutalité et s'en éloigne. Il continue son échange avec son ami et part voir son encadreur.

Le groupe d'étudiant- *En chantant- On n'est fatigué de manger le riz et l'attiéké !!!*

Un autre groupe d'étudiant- Mais vous nous fatiguez. Si vous ne voulez pas manger nous autres voulons manger. Qu'est-ce que cela veut dire ?

Le groupe d'étudiant- Cela n'est pas nous notre problème

Le groupe d'étudiant- Cela veut dire que nous sommes là pour la même cause. Si un groupe d'étudiant trouve que la nourriture qu'ils nous donnent est lassante, vous devrez nous suivent donc. Cela fait combien de jour que nous mangeons de l'attiéké ici. Depuis deux semaines. Qu'est-ce qu'il se passe ? Nous ne sommes pas des prisonnier cas même.

Le groupe d'étudiant- Vous avez raison. Mais sachez aussi que le CROU fais aussi ses efforts pour nous trouver de quoi à manger. Donc laisser nous autres allons manger. *Lorsqu'il parlait, un étudiant dans l'autre groupe des étudiants lui administra une gifle. Ce qui provoqua la bagarre. Nous étions en effet en face de deux groupes de syndicat. L'un est beaucoup soutenu par le président et l'autre rejeté pour violence. C'est en effet la vraie cause. Aussi, le syndicat aimé par l'université avait perçu à la veille la somme de trois cent cinquante mille pour empêcher la grève annoncée par le premier groupe connu par la violence. Ils sont certes violent mais beaucoup honnête. Grâce à ce groupe les étudiantes ont obtenu certains droits et son exemptés de beaucoup de sanction qui n'en valaient pas la peine. On se rappelle que c'est grâce à ce groupe que les étudiants handicapés ont pu avoir leur bourse qui leur avait été refusé. Pourtant le deuxième groupe, le groupe aimé par l'administration avait trouvé bon d'étouffer le problème au grand merci de la direction de la bourse. C'est en effet grâce aux efforts de Boukri, jeune handicapé, fils de Kino qui a contacté le responsable du groupe de syndicat violent pour vite sauver leur bourse. Il faut le dire aussi, à l'université Bigtongaise, la situation des handicapés n'est pas du tout enviable. Ils ne sont pris en compte. La guerre des inscriptions des pages blanche en est vraiment un exemple. C'est ainsi qu'on avait l'un des évènements qui avait opposé les handicapé et l'administration universitaire. Le ministre de l'enseignement supérieur avait signé une loi permettant au handicapé de s'inscrire à la moitié de la somme fixée par le gouvernement. Dans certaines universités, cette loi avait été prise en compte. Mais dans l'université où étudiais Boukri, cette loi avait été ignorée par la responsable de la scolarité. Pour cela, Boukri avait pris contact avec le Président d'université pour trouver une issu.*

Boukri- *Monsieur le Président, je suis le responsable du des handicapés de votre illustre université.* Au président de lui dire

Le Président- *Ah c'est le responsable jeune !* Son étonnement montre qu'il échange moins avec les clubs de son institution.

Boukri- *Oui monsieur. Malheureusement, nous avons déposé plusieurs courriers ici auprès de votre secrétaire afin d'avoir une audience. Mais en vain. Nous ne l'avons jamais obtenu.*

Le Président- *Oui mais ce n'est pas facile jeune homme. J'ai trop de charge pour vous recevoir. Mais j'ai toujours dire à mon vice de vous recevoir. Mais laissons tout cela. Vous êtres là ce matin en profitons donc. Que me vaut l'honneur de votre visite ce matin.*

Boukri- Avec toute les difficultés du à son handicap, *parvient à dire- Monsieur le Président, nous avons reçu le courrier disant que nous étudiants en situation de Handicap nous devrons bénéficier d'une réduction de 50 % lors de nos inscriptions. Mais il se trouve que cette loi n'est pas prise en compte par les gens de la scolarité.*

Le Président- *Oui mais bien sûr que cette loi a été décrétée. Et je l'ai même envoyé le courrier à madame la responsable de la scolarité. Elle devrait prendre cela vraiment en compte. Car vu votre souffrance, vous devrez vraiment avoir droit à cela. Mais attendez que je regarde ici encore si j'ai le courrier pour que je lui renvoie à nouveau.* Il fouille dans son ordinateur mais ne trouve rien. Et dit :

Le Président- *Je cherche, je n'ai plus le courrier ici. J'ai dû le déplacer. Mais je vous rassure que je vais appeler à nouveau la responsable afin qu'elle prenne cela en compte. D'ores et déjà vous pouvez aller la voir et dite lui de vous faire sortir le courrier. Le lundi vous commencerai vos inscriptions en payant seulement la moitié.* C'est donc avec ces parole intéressante que le président avait libéré les club de Handicapé qui devrait partir d'eux même voir la responsable de la scolarité pour un papier qu'elle n'a pas respecté quand le ministre de l'enseignement supérieur a parlé. Novice dans le syndicalisme, Boukri avait perdu cette guerre. Leur loi n'a été prise en compte et ils se sont tous inscrit à la même somme que le valides. Aussi qu'en cette année, leur bourse avait été suspendue pour cause de retard universitaire dont-ils n'ont pas été la cause mais qu'ils payent le prix. Lorsqu'ils sont allé voir madame la responsable de la scolarité, celle dis n'avoir pas le temps de fouillé ce courrier elle leur même dit qu'elle n'avait que dix minutes pour eux car elle trouve qu'elle avait beaucoup à faire. Or cette dame n'avait aucune expérience dans le domaine administratif. D'un simple agent de la scolarité dans l'université mère de Bigtongui, elle est aujourd'hui responsable d'une université sans aucune formation ni expérience. Elle venait souvent à dix heure au travail et se retournait à midi pour ne venir qu'à seize heure pour trente minute car son service fermait chaque jour à seize heure. Nouvellement handicapé, Boukri avait dit à ses amis de laisser l'affaire tomber car ils fournissaient assez d'énergie pour quelque chose qui n'allait pas abouti. Ces amis avaient fini par baisser les bras et avaient commencé par s'inscrire au même prix que les valides. Comme tout étudiant engagé, Boukri avait regretté d'avoir vite baisser les bras à cette guerre des invalides. Maintenant il s'est donné le droit de toujours aller loin dans son combat estudiantin quel que soit l'adversaire en face. Comme d'habitude, il était présent sur le campus le même jour de la grève au restaurant. Il n'intervient pas et parti voir Salia le fils de l'ami de son papa. Celui-ci avait quitté le restaurant à cause de la violence qui se produisait à ses yeux. C'est en sortant qu'il voit Boukri, son ami. Et dit donc à Boukri :

Salia- Boukri s'il te plait cette grève ne te concerne pas et vu ton état je pense qu'il faut quitter les lieux car la violence qui se prépare là sera très dangereuse. Viens qu'on parte. *Boukri avec ses béquilles se dépêcha de s'approcher de Salia qui le saisit par la main et l'aida vite à sortir du restaurant. Lorsqu'ils étaient à la porte, un syndicaliste leur fit signe de se retourner car personne ne devrait quitter le restaurant encore. C'est ainsi que la violence commença quand un des syndicaliste dit laisse les sortir, ils ne sont pas des syndicaliste et regarde bien celui qui tient la béquille, il ne pourra pas supporter votre palabre. L'autre syndicaliste vit cela comme un favoritisme, il commença donc pousser Salia et Boukri. Salia le retenu avec ses mais afin qu'il ne touche pas à Boukri. Mais l'homme avait plutôt pour but de toucher violemment à Boukri afin que les assistants sachent son sens de non pitié. Salia lui montra toute une violence contraire à la sienne. . Il s'arrêta un instant pour regarder Salia, le défigura et pris un bois dans le but de taper Salia avec cela. Salia mis vite son pied sur le bois, le saisi par la gorge, le souleva pour le coller au mur du restaurant et lui dit « Nous ne fuyons pas votre violence parce que nous avons peur mais parce que nous ne sommes pas violent comme vous. Sachez qu'en chacune de nous ici nous sommeille une animosité que nous nous efforçons d'endormir plus. Mais si vous faites trop de bruit au tour de nous elle se réveillera et vous criera dessus. Si tu ne nous laisse pas sortir toute suite, je vais t'honnir devant tes autres syndicalistes et même ton chef ne peut en aucun cas nous interdire de sortir de cette salle. Ok ? » Le syndicaliste, les pieds décollés de la terre se débattait dans les bras de Salia. Salia le retenait d'une seule main et lui parlait. Ce n'est que Kalonzo un responsable du groupe syndical les bien aimé qui vient dire pardon à Salia avant que le jeune homme ne soit libéré. Sous donc un regard moqueur de l'assistance, Salia le déposa avec une force extrême à terre et saisi vite la main de son jeune frère Boukri. Kalonzo les arrêta et se renseigna. Lorsqu'il entendu que le syndicaliste s'apprenait à Boukri le handicapé, Kalonzo part vite saisi le syndicaliste et commença à le tabasser. En effet Kalonzo était connu par tous au campus. Il aimait palabre et savait aussi le faire. Mais bien qu'il aimait palabre il la* *faisait pour une raison précise et poussait toujours les syndicaliste à pratiquer la non-violence tout en corrigeant toute personne qui franchie la loi. Une loi avait été décrété de protéger les personnes en situation de handicap. Et cette loi, c'était eux, syndicaliste qui avait décidé de faire la promotion. Pourquoi donc aujourd'hui ce jeune homme insistait à violenter Boukri qui était un homme connu et aimé de tous au campus ? Faille donc croire à cette parole qui dit : on ne peut plaire à tout le monde. Pendant que Kalonzo corrigeait le jeune syndicaliste, Salia et Boukri sortis et marcha sous le regard admirateur de l'assistance. Ils entendaient les cris de jeune homme sous la sanction de Kalonzo. Ils entendaient cette parole de Kalonso qui dit :*

Kalonso- C'est donc pour la nourriture que vous vous battez ? Avez-vous dans cette université avancez depuis deux ans ? Non. Au lieu de se battre pour de bonnes causes c'est la nourriture qui vous inquiète pourtant l'université est en retard vous ignorez cela, vos dossiers de demande de diplôme ne sont jamais traités si vite au point que vous manquez des concours souvent, cela ne vous inquiète pas, vous n'avez pas d'assurance maladie ni d'assurance vie, votre bibliothèque est remplie de tout sauf de document instructif, vous enseignants vous donnent des matières qui ne vous servent pas après vos études , vous n'avez jamais bénéficier de bourse d'étude et la petite bourse qui vous était octroyé vous été arrachez soit disant que l'université est en retard et que vous n'avez pas fréquenté durant cette année, tout cela ne vous dit rien c'est la nourriture qui vous inquiète. Vous faites souvent des matières aux mains des non spécialistes, un docteur de poésie qui vous donne le cours de littérature comparée, vous n'avez jamais de stage, et même ni prime de stage cela ne vous dit rien c'est la nourriture qui vous inquiète. Savez-vous combien de fois le CROU se tracasse pour vous trouver de la nourriture ? On vous a-t-il dit que le CROU est obligé de le faire ? Apprenez la vie syndicale avant de l'intégrer au risque de véhiculer une mauvaise image de nous. Nous ne devrons pas être violent, nous sommes là pour la cause des étudiants mais des cause nobles et respectables. Que tous les étudiants viennent manger et gare à celui qui gâchera la quiétude des étudiants. Que celui qui ne veut pas manger laisse et qu'il part en face de l'université manger au restaurant son hamburger, son poulet rôtis. Ici c'est le restaurant estudiantin tout le monde ne peut être satisfait. *La chicotte en main ils tapent quelque fois lors de sa parole le jeune homme couché sous son pied. Après sa parole l'assistance l'applaudit et les étudiants entrent pour prendre leur plat d'attiéké tranquillement. Salia et Boukri continuèrent leur marche vers l'administration. Salia devrait aller voir son encadreur pour sa soutenance de demain. La bagarre qu'il venait de faire là, l'avait mis un peu hors de lui. Il partit se rincer le visage à la* *pompe avant de rentrer dans le bureau de son encadreur. Boukri avait continué son chemin voir ses autres amis handicapés à qui il avait à parler. Salia, une fois dans le bureau, vit ses autres amis déjà en place. Il présenta son speech à son encadreur. Mais avant la lecture son encadreur leur dit ceci :*

Encadreur- Demain vous serez face à votre destin. Moi je ne pourrai pas vous aidez. Vous-serez maitre de vous-même. Tout ce que j'ai à faire c'est de vous présenter. Sinon ne comptez pas sur moi pour vous aider. Demain que chacun vienne bien habiller, bien coiffé, bien chausser. Une veste sera la bienvenue.

Un étudiant- Mais monsieur en absence de veste nous pourrions porter des chemises ?

Encadreur- Oui cela est possible. Seulement que la chemise soit bien repassée. *Salia assis se posait une question :* Comment un encadreur peut-il dire qu'il n'aiderait pas son étudiant ? Pourtant il est censé être son guide. Qu'est-ce que cela veut dire ? *Mais la réponse lui venait rapidement quand chacun commença à lire son speech dans lequel les sujet sont présentés. Salia s'était en effet rendu compte que leur mémoire en phase de correction n'avait jamais été regardé par leur encadreur. Il n'en savait donc rien des sujets que ses étudiants devraient présenter demain à la soutenance. C'était donc une manière pour lui de se désengager en cas de faute. Ses étudiants étaient donc conscients de ce qui se passait. Ils ont donc décidé de prendre leur destin en main. C'était la toute première soutenance de leur département universitaire. Les étudiants donc avaient donné le tout d'eux-mêmes pour que cela soit une réussite. Mais ce qui n'était le cas pour les enseignements de leur département. Ils se désengageaient. La preuve en est qu'aucune note d'information n'avait été affichée sur le tableau d'affichage pour inviter les autres départements. Selon eux, cela était du devoir des étudiants. Tout se faisait donc à l'improviste. A quelque heure de la soutenance, aucun PV n'était prêt et les étudiant ne connaissait pas encore la salle dans laquelle ils devraient passer ni même le nom de leur examinateurs. Cela fut un peu déroutant pour leur étudiant qui avait tout donnée durant les cinq années pour qu'il puisse passer leur soutenance en toute tranquillité. Mais ce ne fut pas le cas. Lors de la lecture des speeches devant leur encadreur, les étudiants ont vu leur speech se réduire sous ordre de leur encadreur. Soit disant que le temps donné était peu Leur encadreur ne leur posait aucune question pour les préparer à demain pour la soutenance Après donc la lecture des speechs, chaque étudiant se leva et entra à la maison tout en sachant que demain, grand jour de leur soutenance, ils doivent être maitre et processeur de leur destin. Salia qui sorti le dernier, ferma la porte du bureau de son encadreur qui faisait son thé tranquillement pour boire.*

ACTE 3 : Les Autorités

SCENE 1 Soutenance de Salia

Au lever du rideau, Salia est bien habillé dans une veste noire avec une chemise blanche. Après trois ans sans cours il passe aujourd'hui à la soutenance. Il se rappelle de tout ce que lui avait dire son encadreur à la veille de la soutenance. Il reste concentré avec un objectif clair. A la veille déjà son maitre lui avait dit à lui et ses amis :

Maître- *Vous irai demain à la soutenance, mais ne comptez pas sur moi pour vous aider. C'est vous-même qui avez fait le sujet. Vous être donc responsable de votre thème. Demain, soyez bien habillé dans une veste si possible car l'habillement compte pour au moins vingt pour cent. Lorsque vous prendrai la parole, soyez posé ne vous pressez pas. Ne discutez pas les résultats avec les membres du jury. Vous avez lui vos speechs essayez encore de réduire le volume car on ne vous donnera pas assez de temps pour la présentation de votre travail.* Cet échange avec son encadreur avait laissé Salia très perplexe. Il faut le dire, l'encadreur de Salia n'avait aucune connaissance sur les sujets de ses étudiants. Durant tout leur temps de rédaction de mémoire, leur encadreur qui était censé les corriger ne l'a jamais fait. Il leur disait seulement d'écrire. C'est un monsieur non convainquant. Certains même se demandent comment avait-t-il fait pour obtenir son doctorat et occuper le poste qu'il détient aujourd'hui à son UFR. Bon bref nous sommes à Bigtonguie et à Bigtonguie tout est possible. Salia qui savait qui venait à une soutenance ou il n'aura pas le soutien de son encadreur s'est donc préparé en connaissance de cause. Il était cinq à passer ce jour-là. Tous étaient bien endimanchés. Parmi les cinq étudiants, il y avait un étudiant très connu par les enseignants à cause de son intelligence. Il été bien encadré par un Docteur pour qui la langue française n'avait plus de secret surtout la lecture. Il s'appelait Docteur RoufKassi. Très tôt le matin, il est venu chercher son étudiant le jour de la soutenance pour l'amener dans son bureau ou ils se sont donné les directives de la soutenance. L'étudiant était sorti de là, satisfait et lors de son passage, il répondait aux questions de son maitre comme si cela avait été préparé dès le départ. Son encadreur lui a posé assez de questions afin de permettre aux membres du jury de savoir combien de fois son étudiant et lui ont travaillé concomitamment avec une bonne maitrise du sujet. Mais pour Salia, c'était tout fait le contraire. Son maître qui ne connaissait rien de son sujet ne pouvait donc pas posé de question à ses étudiants. Le jour de la soutenance, ils étaient cinq qui devrait passe dans la même salle et avec un même président du jury. Salia était le seul dans sa disciple de littérature ouverte. Les autres, eux, étaient tous des étudiants qui soutenaient dans la littérature de belle parole. La première personne qui est passée était un ami de Salia. Il avait porté une veste bien repassée et avait pu répondre aux questions qu'on lui avait posées. Ce dernier s'était en sorti avec une note de 16 sur 20 à la gloire de sa personne soumise. Après lui, c'était une fille qui devrait passer. Elle avait déposé un mémoire en forme de reliure spiral fait chez un simple jeune homme de Cyber café qui traine devant le campus. Comme elle, tous les étudiants de littérature de belle parole avait fait ainsi leur mémoire pour déposer. Sauf le jeune homme qui, lui, avait déposé un document en reluire artistique mais un peu mal fait. Seul le document de Salia respectait la norme formelle de reluire d'un mémoire. La jeune fille qui était passée avait commencé à pleurer quand elle a fini de soutenir et que les membres du jury devraient passer à la délibération. Le responsable de son UFR lui dit de s'attendre au pire des notes. Car elle avait donné un document en mouvait état, mal ordonné, pagination mal faite, l'ordre des points du travail mélangé. Mais lorsque les Dieu du jour, c'est-à-dire les membres du jury vint, il donna 16 sur 20 au grand étonnement de tous. Qu'est-ce qui s'était passé ? Qu'avait elle fait pour mériter une telle note tant recherché par les bosseur de l'année de Master ? Rien. Rien du tout. Elle avait juste bénéficié d'un favoritisme de son grand Maitre qui était présent ce jour-là. Elle-même fut étonnée de sa note au point qu'elle resta figée et regarda de gauche à droite avant de passer saluer son encadreur et les dieux du jour. Il n'eut pas d'applaudissement de joie mais de surprise. La présence d'un grand maître était aussi un point très avantageux pour l'étudiant qui devrait passer en soutenance. Ceux qui étaient initiés savaient que la jeune fille avait gagné le gros lot. Mais en ce moment les non initiés criait victoire pour Salia qui selon leur connaissance, aura plus que 16, vu que la jeune fille venait d'avoir 16 sans pour autant rien faire. Salia lui craignait son sort. Car les mots de son encadreur lui venait en tête et son grand maitre était absent et ont lui avait juste confiée à ce maître qui ne savait rien de son sujet. Pour mettre la chance de son côté, il fut le seul qui fit sa présentation en power point. Ce qui fut refusé par son encadreur à la veille qui pourtant fut apprécié par son président des dieux sur terre. Lorsque son tour arriva, il vin s'installer. Et commença sa présentation en remerciant les dieux, son encadreur et surtout une dame qui lui a porté assistance durant tout le temps de la rédaction de son mémoire. Bien qu'elle n'ait encore pas son grade d'encadrement elle lui a porté assistance et l'a bien soutenu. Lorsque Salia fini sa présentation le président des Dieux pris la parole :

Président du jury*- Merci bien monsieur Salia. Je l'avoue ; vous être le seul qui nous a fait une bonne présentation ce matin et surtout avec un power point. Comme d'avantage nous* *encourageons les étudiants à nous présenter leur travail comme vous l'avez fait ce matin. Aussi votre travail est bien rangé, la reluire artistique est bien faite. Cela est à votre avantage. Depuis ce matin vous être le seul à me présenter un travail bien ordonné.* Salia se senti heureux dans son fort intérieur. Il venait de montrer à son encadreur qu'il faut oser pour réussir. Mais nous étions loin de la fin couronnée. Le président une fois fini, avait donné la parole à l'encadreur de Salia :

Encadreur – Après avoir fini les éloges des dieux du jour, il dit tout sur son étudiant sauf ce qui lui permettrait d'être crédité d'une bonne note. *Salia est un de nos étudiants qui a voulu faire le master avec nous dans la branche de littérature ouverte. Il a travaillé avec beaucoup de courage et abnégation. Je me rappelle quand il nous appelait à chaque fois pour nous présenter son travail. Ce qui montre son courage. Cependant ce que je déplore chez Salia, ce sont ces expressions trop lourdes et ses phrases trop longues. Dans son travail il emprunte de ces expressions qui rendent ses idées confuses. Pour finir j'ai une question pour Salia. Dites-nous quelle est le style particulier de l'auteur que nous présente dans ton travail. ?*

Salia- Merci cher Maître, le style particulier de l'auteur que nous étudions ici se reconnait par une écriture qui est en quête de tout ce qui est maintenu captive sous l'emprise de la masculinité. On remarque que l'auteur lève le voile sur la souffrance de la femme provoquée par l'hostilité culturelle. *Pause...*

Le Maitre- *Avec un souri moqueur-* Monsieur le président je pense que je vais m'arrêter là. Je vous remercie. *C'est vrai il n'avait plus de question car il n'avait aucune connaissance sur le sujet de son propre étudiant. C'est ainsi qu'il donna la parole au président qui la remet à son tour à son collègue. Celui-ci parla, fit ses remarques et ses plaintes sans faire de suggestion. Puisqu'il était demandé de ne pas contester leur parole, Salia resta silencieux bien qu'il avait beaucoup à dire. Après la parole des deuxièmes dieux, la soutenance pris fin. La salle était restée sur sa faim car le temps donné n'a pas été respecté. Et il eut plus de peur que de mal. Cependant vu les bonnes réponses de Salia, sa bonne réponse et la satisfaction qui transparaissait sur le visage du président, la salle et Salia s'attendait au bonheur après la délibération. C'est ainsi que les trois hommes de table se sont mis dans une autre salle pour décider du sort de Salia. Avant leur retour, Salia était félicité par ses amis qui lui proposaient la note de 18 ou 17 car il avait fait une bonne présentation et il s'était défendu avec une bonne réponse. Aussi vu celle qui était passé avant lui, il était fort probable que Salia trouve la meilleur note de la journée. Ses amis étaient venu nombreux le soutenu. Parmi ceux-ci, on trouve La CVRK (Cellule des Villageois Résident de Korhogo) avec à sa tête ce jour Fikri*

Coulibaly et Songui venus avec d'autre villageois soutenir leur allié. Ceux-ci étaient vraiment fiers de Salia ce jour pour sa bonne présentation. Pendant que la salle félicitait d'avance Salia, les dieux du jour faisaient leur entrée pour donner la note. Les invité et Salia se mis debout et peu de temps Salia seul resta debout et le président des dieux du jour pris la parole.

Le président des dieux- C'est avec un grand plaisir que nous avons assisté à la soutenance de Monsieur Salia. Il a fait un bon travail bien présenté et le document est bien tenu. Personnellement nous l'encourageons à travailler toujours d'avance avec son maitre. Ainsi après délibération nous lui octroyons la note de ....

La salle – ensemble 18, 17 !

Le président des dieux – répétant sa question - La note de ?

La salle- 18, 17 !

Le président- La note de 15 sur 20.

Un silence de mort s'installa dans la salle. Le ciel était tombé sur la tête de Salia. Il lui fallut de la force pour tenir. La salle étonnée. C'est après au moins trois minuties que les gens ont applaudi pour féliciter à temps plein Salia. Salia eut du mal à quitter sa place pour rejoindre les dieux du jour. C'est n'ai que son encadreur qui lui demanda de venir pour la séance photo. C'était vraiment le découragement pour Salia. Ils prirent donc la photo. Même les dieux du jour savaient que la salle était dans un étonnement. Après la séance photo, les dieux du jour sortis de la salle et les amis de Salia venaient l'encourager et fient des photos avec lui. La soutenance tant entendu venait de finir. Eh oui Salia avait été abandonné par son encadreur lors de la délibération, son incapacité devant ses collègues, son manque de charisme avait payé le prix au jeune courageux qui a tout donné pour sa réussite à la soutenance. Jusqu'à ce que Salia soit hors de sa salle de soutenance, il était toujours questionné par ses amis sur sa note. Les gens n'arrivaient pas à comprendre en quoi il s'était retrouvé avec une telle note. Salia intérieurement était touché, il ne trouvait autre mot à dire si ce n'est la volonté de Dieu. Depuis sa soutenance, il n'eut plu l'envie de continuer les études. Mais puisqu'il avait sa note de soutenance comme une humiliation, il dit donc « Mon encadreur veux fait de moi un enfant incapable ou je ne sais. Mais il n'arrivera pas car je suis plus fort et plus courageux que lui. Quel que soit ce que. Il faut que je fasse la thèse. Parole de Salia ! Même s'il ne reste que j'ai la thèse et ne pas être enseignant à l'université je le ferai. J'aurai mon Doctorat et je viendrai même l'inquiété ici à l'université de Bingtonguie. Il comprendra que celui à qui il à donner la note de 15 est capable de le succéder. » C'est sur ces mot avec les encouragements de la dame qui l'a toujours aidé que Salia quitta la scène en tirant le rideau de ses mains de la gauche vers la droite.

SCENE 2 : Discours sur la jeunesse

Au lever du rideau, Salia est assis dans sa chambre devant son écran. La soutenance étant finie, il a beaucoup perdu la confiance à l'université Bigtongaise. Il a perdu l'envie de continuer les études. Comme il le dit bien, ce n'est pas sa note qui l'inquiète mais plutôt la note des fainéants et fainéantes, qui n'ayant rien fait ont eu de bonnes notes. Il tire une leçon de sa soutenance : vaut mieux avoir assez de relation qu'avoir la connaissance. Même si cette pensée n'a pas sa place dans le monde, à Bigtongui elle gagnait une large place dans toute les administrations et la conscience des Bigtongais. Ce matin, premier jour après sa soutenance, il est resté devant son écran de télévision. A peine il l'alluma qu'il tomba sur le discours du Président da Lagrandesoeur comme l'appelait l'un de se enseignant au secondaire. Il s'agissait en effet du discours du présent français son Excellence M. le Président de la République de la France. Ce discours qui a beaucoup réactivé les jeunes. Salia, déprimé donc s'assis et commença à écouter ce beau discours qu'on pouvait entendre de la manière suivante :

Mes chers amis,

Vous êtes la jeunesse de France !

Vous avez 20 ans, vous avez la vie devant vous et la tête pleine de questions auxquelles vous n'avez pas toujours de réponses.

20 ans : est-ce le plus bel âge de la vie ? Est-ce le pire ?

La réponse viendra plus tard quand la vie aura passé, la vie avec ses joies et avec ses peines et quand chacun se souviendra des poèmes appris lorsqu'il était enfant et qui reviennent à la mémoire quand s'apaise le tumulte de la vie.

Vous avez 20 ans, vous avez la vie devant vous et cette vie n'appartient qu'à vous. Ne laissez personne vous la prendre. Ne laissez personne écrire votre histoire à votre place, personne ! Car c'est l'éternel dilemme de la jeunesse, vivre son histoire ou la subir.

La jeunesse, c'est le moment exaltant et parfois angoissant parce que la jeunesse, c'est un passage, parce que la jeunesse, c'est un saut dans l'inconnu. Parfois les circonstances de la vie font du jour au lendemain de l'enfant un adulte. Les jeunes français, qui en juin 1940 se retrouvaient à Londres parce qu'ils ne supportaient pas la France occupée et vaincue ces jeunes français de 20 ans ils ont appris dans l'âge adulte dès l'instant où le Général De Gaul leur dit je ne vous féliciterais pas d'être venu. Vous n'avez fait que votre devoir. Cette génération je veux vous en dire un mot. Cette génération, la guerre lui avait volé sa jeunesse. Mais cette génération à qui la guerre lui avait volé sa jeunesse, a donné à la France, une armature morale pour des décennies. Et les survivant de cette jeunesse, leur histoire qu'ils achevaient de raconter leur histoire, à leur petits enfant, leur dire : Nous n'étions pas des héros nous n'avons fait que notre devoir. Voilà la leçon que ces jeunes ont créée du jour au lendemain dans la vie d'adulte. Mais mes chers amis, cette génération qui vous a précédé, n'a pas seulement sauvé notre honneur. Elle n'a pas seulement sauvé notre liberté. Elle nous a enseigné que le meilleur service que l'on puisse rendre à la jeunesse c'est ne pas lui mentir. Aujourd'hui je vais vous dire une chose : on n'a menti à la jeunesse grecque, regardez où se trouve la Grèce. On n'a menti à la jeunesse espagnole, regardez ou se trouve l'Espagne. Je ne veux pas mentir à la jeunesse de France parce que cela serait trop grave pour la France. La génération de la guerre nous appris que, c'est en parlant à la jeunesse qu'on la prépare à devenir adulte. Parce que les droits, vos droits, ne se reçoivent pas comme un dû. Vos droits se méritent. Ces droits, ces générations de la guerre, personne ne lui a donné. Elle s'est battue. Elle s'est battue pour les avoir. Et ces droits à la génération de 20 ans de la guerre elle a aidé à son seul courage. A son seul engagement. Je veux dire à ceux qui ne savent rien proposer à la jeunesse, que de prolonger indéfiniment l'enfance, et bien moi je vais opposer la morale, de cette génération qui ne reconnaissait que des devoirs à l'endroit de la France, de sa patrie, et de sa République. Nous sommes les héritiers de cette jeunesse là et de cette génération-là. Ecoutez leur leçon. Parce qu'aux sorties de la plus grande épreuve de notre histoire. *Le discours était tellement intéressante que Salia se leva seul dans la chambre et se mis à applaudir.*

Mes chers amis, je vous remercier de tout mon cœur. Mais ma façon de vous remercier, c'est de vous dire de réfléchir à ce que des jeunes, au milieu de la grande époque de notre histoire, la plus grande, ils ont été capable après cette épreuve le monde meilleur dont au pire moment ils avaient rêvé. Et auxquels ils avaient accroché leur espérance pour qu'elle ne meure pas. Ils ont résisté, ils ont gagné, et ensuite ils ont construit un mode meilleur. Vous avez 20 ans. Et vous avez un mode nouveau à inventer. La génération de la guerre, elle a fait la paix, elle a fait la décolonisation, elle a construit l'Europe, elle a permis les trente glorieuses, elle a inventé la sécurité sociale, elle a choisi le progrès, elle a donné le droit de vote aux femmes qui n'existait pas avant cette génération, et ils avaient raison. La guerre ne les a pas tués. La guerre les a transcendés. L'épreuve ne les a pas abattues, l'épreuve a permis de construire le monde dont-ils avaient rêvé. Et qu'est-ce qui a suivi ? Après cette génération. On suivit trente années aussi. Trente années de pensée unique, d'aveuglement de désordre monétaire, de mondialisation sans règle, de spéculation, de laxisme financier, de dévalorisation systématique au travail. De dépréciation du mérite, d'affaiblissement de l'autorité, de relâchement, qui ont ébranlé l'héritage de la génération de la guerre qui ont éloigné les peuples du progrès, qui ont épuisé les ressources de la planète et qui ont creusé les inégalités comme si les efforts des générations d'avant avaient épuisé la génération d'après qui s'est abandonné à la facilité en proclamant ce slogan absurde qu'il était interdit d'interdire. Voilà le désastre. Alors à l'est au sud des peuples, devant vous ce sont libéré de la tyrannie. Dans les pays émergeants, des dizaines, des millions de femmes, hommes et d'enfants sont arrachés à la misère, une révolution de l'information, contribue à transformer le monde en un vill age où se voit ; tout se sait, tout se communique. Dans tous les pays la jeunesse s'est mise au rythme d'un monde qui ne peut pas continuer sur sa lancée. Qui ne peut pas continuer comme avant. Les crises, qui doivent tirer les leçons des crises, qui ne peuvent pas continuer à épuiser les ressources de la planète. Comme si elles étaient inépuisables. Qui ne peuvent pas continuer à expliquer les délocalisations au prétexte qu'il faut aller produire toujours là où il y a moins le droit. , moins d'argent, le moins respect de l'individu. Qui ne peuvent pas continuer avec les Dumping. Qui ne peuvent pas continuer avec les injustices qui sont trop fortes, avec la pauvreté qui est trop rependue, avec trop de peuple, trop de gens qui souffrent, et qui sont de plus en plus vulnérables, et de plus en plus menacés, ce monde doit changer, c'est la jeunesse de France qui doit porter le changement. On ne peut pas continuer. On en peut pas continuer avec mondialisation où les uns ne se développement des autres, ou que chacun a son développement, contribue au développement des autres. On ne peut pas continuer avec un monde sans règles, on ne peut pas continuer avec un monde où l'argent serait la mesure de tout. Où le capital aurait tout le droit. Où l'obsession du profil à court terme aurait pour conséquence que l'avenir n'aurait plus de valeur, que seul contrait le présent. On ne peut pas continuer avec monde dont l'équilibre est menacé par quoi ? Par le retour de la rareté. On n'a pas fait ce chemin pour arriver-là. On ne peut pas continuer avec l'aplatissement culturel du monde. On ne peut pas continuer à aller vers un monde où il n'y aurait plus de frontière plus d'identité, plus de protection où chacun se sentirait seul, seul au monde dépossédé, dépossédé de son destin, dépossédé de sa vie. Nous ne pouvons pas laisser à la jeunesse, autant de dette, que nous n'aurions pas payée. Je ne parle pas simplement des dettes comptables. Je parle des dettes morales, autant de risque, que nous n'aurions pas le courage de regarder en face. Autant de problème que nous n'aurions pas pu résoudre. Vous avez vingt ans, vous avez la vie devant vous, et ce mode c'est déjà le vôtre. Jamais la science jamais la technique, ne vous ont ouvert autant de perspectives, vous allez vivre plus longtemps qu'on a jamais vécu sur cette planète. Vous allez inventer des produits donc, aucun d'entre vous, d'entre nous, n'ont la moindre idée, votre vie ne ressemblera pas à celle de vos parents ? La révolution verte, la révolution numérique, la révolution génétique, toutes les révolutions qui s'annoncent dans l'ordre de la pensée, dans l'ordre de la connaissance, dans l'ordre de l'intelligence, porterons vos rêves, ferons vibrer vos ambitions, vos expérience plus loin, plus haut que sans doute vous aurez pu espérer Mais le destin du monde, et le vôtre ne peut être déterminer que par la science et par la technique Je suis venu vous dire que le destin du monde est vôtre, ce sont les valeurs, les idées, la conscience, c'est une forme de morale qui doivent mener le monde et c'est nous qui devrons la garder Oui à la technique, oui à la science, C'est nous qui devrons inspirer la direction, Et j'avoue, Je hausse le mot, depuis la deuxième guerre mondiale, le monde n'a jamais vécu de besoin d'un nouvel humaniste. C'est là réponse française à toutes ces crises. Les progrès de la science et la technique le réclame, mais les crises, les crises l'exigent. Le rapport à l'avenir, devenu tellement angoissant, pour tant de million de femme et d'homme le rencontre. L'homme comme dépassé par sa puissance, doit repenser sa place, l'homme doit repenser sa place, par apport au temps, par apport à l'argent, par apport à la vie, par apport à la nature. Vous vous souvenez certainement du but que s'agisse à signer à la révolution faire du bonheur inelore en Europe. Et bien nous allons tout simplement devoir repenser notre idée du bonheur, et nous donner le moyen de le vivre. Elle est en train de changer cette idée, la crise est déjà passée par là. Tente années de tension, de stresse, de chômage, pour changer l'idée du bonheur. Dans notre vision du progrès, il y a un besoin nouveau. Je vais vous dire lequel : Le besoin de la qualité de la vie. Pas simplement de la quantité de la vie, de la qualité de la vie. J'ai voulu parler de cela à vous les jeunes. Dans aspiration, vous qui m'avez entendu, combien de fois nous allons parler de la revalorisation du travail. Je vais vous dire aujourd'hui, que dans la revalorisation du travail, il y a un besoin de l'amélioration des conditions du travail, un besoin de qualité de vie au travail. Dans notre désir de vivre mieux, il y a un besoin d'humanité, de solidarité, de civilité, de respect, de politesse, je hausse le mot. Il y a un besoin nouveau de civilisation et c'est la jeunesse de France qui va incarner ce besoin, ce désir de cette civilisation. Je voudrais le dire, ce besoin de civilisation, dans mon esprit, ce ne sont pas des mots, ce sont des réalités. Ce besoin de civilisation pour quoi faire ? Pour conjurer la violence. Parce que la violence empoisonne la vie. Elle empoisonne la vie dans la rue, dans le travail, dans l'école, dans l'économie et partout, parfois dans cette famille. Il y a un besoin de civilisation parce qu'on ne peut pas être tout le temps dans la concurrence, tout le temps dans la lutte, tout le temps dans le rapport de force. Il y a un besoin de protéger son intimité, sa famille, il y a un besoin de ne pas tout traiter comme une marchandise, de ne pas traiter la santé comme une marchandise, de ne pas traiter l'éducation comme une marchandise, de ne surtout pas traiter la culture comme une marchandise, la nature comme une marchandise, que l'on achèterait, que l'on vendrait. Il y a une aspiration. Il y a une envies de reprendre sa vie, par son travail, mais il y a aussi une envies nouvelle de se sentir plus libre, libre de choisir son destin, de choisir sa vie, libre de choisir le rythme de sa vie, son mode de vie, il y a une envie, il y a un désir profond de liberté de choix, il y a un besoin de justice, un besoin d'égalité, pas un besoin d'égalitarisme, un besoin d'égalité de chance, un besoin d'être rassurer, rassure sur le faite que chacun aura sa chance que chacun pourra réussir, que chacun aura la possibilité de réaliser ses rêves, s'il se prend en main, qu'on n'est pas condamner à l'échec, et que si même l'on n'échoue, on pourra recommencer, retenter sa chance, voilà le besoin de civilisation que va porter la jeunesse de France. Il y a un désir nouveau de fraternité, ce désir de fraternité nouveau, c'est un besoin de respect de compréhension, le besoin d'être aimé, et pouvoir aimer. Et moi je pense qu'il y a un besoin d'amour. Et que l'expression des sentiments, y compris lorsqu'on n'est président de la République, ça devrait rassurer. Je ne suis pas une momie, je ne suis pas un robot, je ne suis pas un automate, Et ce que je suis en train de vous dire, c'est la sueur de mon cœur. Vous avez vingt ans, ces valeurs sont les vôtres. Vous êtres à l'âge où veut partir, fuir les pesanteurs de la vie. Tentez l'aventure. Vous voulez partir, aller à la conquête du monde n'ayez pas peur. C'est un grand homme qui a dit ça. Au début des années 80. Le grand Pape Jean Paul II. N'AYEZ PAS PEUR, N'AYEZ PAS PEUR[2]. *Ce discours venait de remonter le moral de Salia. Il comprit donc qu'il y avait de l'espoir. Le discours avait été interrompu par une coupure d'électricité comme d'habitude à Bigtongui. Il resta assis et se dit satisfait de l'avoir écouter. Il resta assis jusqu'à ce que son ami Hassane vienne le trouver devant la télé éteinte.*

---

[2] Discours de Nicolas Sarkozy lors du rassemblement des jeunes pour la France forte – samedi 31 mars 2012.

SCENE 3- Entre amis

Au lever du rideau, Hassane vient voir Salia chez lui à la maison. IL veut lui annoncer la nouvelle de son départ aux Etats Unis pour y terminer ses études. Ce qui sera un coup fatal pour Salia. Car celui-ci était le seul qui l'aidait dans ses besoins financiers. Mais il fallait que Hassane parte à la demande de ses parents qui vivent au Etats-Unis. Mais avant d'aller voir Salia en chambre, il rencontra Davila la petite amie de Salia avec qui il engage une causerie sur la corruption qui gangrène la société Bigtongaise.

Hassane- Bonjour Davila

Davila- Bonjour Hassane. Bonne arrivé.

Hassane- Merci bien Davila. Mais tu te fais rare maintenant. Je ne te vois même plus à l'université encore.

Davila- Mais toi aussi Hassane comment pourras-tu me voir si c'est seulement une fois par mois que nous faisons cours.

Hassane- Oui, là tu as raison. Avec ces grèves des étudiants à n'en point finir.

Davila- Il y a aussi celles des professeurs hein. N'accusons pas seulement ce qui est faite pas les étudiants.

Hassane- Oui c'est vrai. L'école ici à Bigtonguie est vraiment compliquée. Rien n'avance depuis nos soutenances. Nous faisons tout pour ne pas perdre le gout des études mais il nous oblige à le perdre. J'aurais appris que les concours ont été lancés encore ? Tu en sais quelque chose ?

Davila- Oui Hassane. Les concours ont été lancés. Et moi-même je voudrais présenter le concours des enseignants cette année.

Hassane- Oui s'il n'y a que ça.

Davila- Vraiment c'est le seul concours qu'ils nous ouvrent. Sinon à part cela, rien d'autre.

Hassane- Non il y a aussi le concours de Personnality Administrative *Il sourit*

Davila- Tu vois que toi-même tu ris. Puisque tu sais que ce concours est lancé juste pour la forme et non pour le font. Le gouvernement bigtongais ne joue avec pas ce concours car c'est là-bas leur enfants sont formés pour venir occuper leur poste qu'ils laissent après souvent 30 ans de service. Moi je ne vais jamais m'aventurer à passer ce concours. Car je connais la réalité des choses, donc je ne m'embrouille pas.

Hassane- Mais c'est ce que ton chéri voudrais passer cette année.

Davila- Oui lui il est trop optimiste. Il passe chaque année ce concours mais en vain. Cette année encore il m'a dit qu'il voudrait essayer. Quant à moi, je resterai là à passer mon concours d'enseignement, le jour que ce concours me sourira je serai vraiment heureuse.

Hassane- Chaque année tu essayes mais ça ne marche pas. Et jusque-là tu n'es pas découragée. Ou bien as-tu à un ARC cette année ?

Davila- Eh Hassane, rien de rien. Lorsque je suis allée faire mes inscriptions à la capitale de Bigtongui, j'ai croisé un monsieur qui travaille au ministère des concours. Hassane !!! Sais-tu ce qu'il me demande ?

Hassane- Non non

Davila- Il me voit et me dit :

L'homme du ministère- *Demoiselle cela fait trois ans que vous venez déposer vos dossiers pour passer ce concours. Vous être vraiment courageuse. Mais laissez-moi vous dire, faites comme les autres et vous aurez du travail.*

Davila- *Comment ça monsieur ?*

Monsieur du ministère- *Vous savez de quoi je parle. Et c'est juste que je veux vous aider. Sinon vous savez très bien que nous somme à Bigtonguie. Et à Bigtonguie...*

Davila- *Tout est possible !!!!*

Monsieur du ministère- *oui voilà que tu me comprends. Donc tenez ma carte. Vous m'appelez dès ce soir on se verra pour en parler. Cela vous va ?*

Davila- *C'est compris monsieur.*

Cette parole irrita Hassane. C'est ainsi qu'il interrompt Davila.

Hassane- Attends tu ne vas pas me dire que tu as accepté ce vilain monsieur ?

Davila- Comment sais-tu que qu'il est vilain ?

Hassane- Être vilain ce n'est pas seulement le physique. Avoir une mauvaise moralité est aussi une laideur caractérisé. Davila dis-moi que ce monsieur, tu ne l'as pas accepté.

Davila- Laisse-moi terminé mon histoire d'abord. Ou bien pourquoi tu te presse ?

Hassane- Ok. Termine

Davila. C'est ainsi que vers 17 h je l'ai appelé et on s'est donné rendez-vous dans un restaurant et nous avons parlé. Après m'avoir fait manger un plat de pizza au jambon. Le monsieur me dit :

Monsieur du ministère *- Bon après avoir partagé un plat ensemble, je vais vous expliquer le système. Ce qu'il faut faire pour votre succès à votre concours. Cette année il y'a 103 places dans la branche que vous voulez passer. Les membres du gouvernement ont pris 73 places pour leurs proches. Il ne reste donc que 30 places. Nous au ministère, le directeur nous a proposé 10 places. Et lui-même a pris les 20 places restantes. Dans les 10 places, moi j'ai reçu 3 places. Et c'est parmi ces 3 places que je vais vous insérer si vraiment on s'entend.*

Davila*. Mon Dieu. Mais si c'est comme cela que ça se passe chaque année cela voudrait dire que je venais donc jeter mon argent en m'inscrivant. Puis qu'il n'y a aucune place pour nous qui n'avons ni Argent ni Relation.*

Monsieur du Ministère*- Voilà que tu viens d'avoir ton ARC. Tout se passera bien si seulement vous faite ce que je vous demanderai.*

Davila*- Ok. Dites-moi donc ce que je dois faire.*

Monsieur du ministère*- Ok. C'est simple. D'habitude je vends mes places. Et le prix je le faire en fonction des clients. Mais tell que je vous vois, vous serez incapable de payer un million pour ce concours. Donc trouvez-moi sept cent mille et je fais de vous une enseignent dès la rentrée prochaine.* Hassane encore irrité pas l'histoire, intervient.

Hassane- Merde !!!! Ma belle Bigtonguie. Où est passée la bonne moralité de ces administrateurs !!!

Davila- Hassane !!!! Laisse-moi terminer s'il te plait

Hassane-Mais Davila !!!!

Davila- *Tout doucement-* Laisse-moi terminer. Ok ?

Hassane- Ok. Termine. C'est la fin de l'histoire vraiment qui importe. Parle.

Davila- Puisque, quand il me parlait je voyais dans ses yeux d'autres sentiments je lui ai donc dit que je ne pouvais pas avoir la sommes de sept cent mille franc. Et il me dit donc.

Monsieur du ministère- *Bon si vous n'avez pas cette somme dites-moi combien vous pouvez me donner alors ?*

Davila- *Monsieur, la seule chose que j'ai pour vous c'est le mot « aider- moi » Je viens d'une famille pauvres, ma mère n'est plus. Je n'ai jamais connu mon père. Actuellement je vis seul. Donc aimez-moi monsieur.*

Monsieur du ministère- *Demoiselle ce que vous dites là est impossible. Si nous avons dit que nous allons aider une personne parce qu'elle a perdu ses parents tout le monde viendra nous dire la même chose aux points ou nous ne pourrions plus faire nos busines. Nous autres, c'est dans ces ventes de place que nous arrivons à rouler dans les Rang Rover, sinon nos salaires ne sont rien.* Il sourit …

Davila- *Monsieur s'il vous plait aidez-moi sinon je ne m'en sortirai pas. Je ne sais pas comment vous allez vous arrangez mais monsieur pardonnez aidez-moi.*

Monsieur du ministère- *Demoiselle, ça va aller, mais il peut avoir autre option. Si seulement nous nous entendons bien.*

Davila- *Oui dites le moi monsieur je veux seulement que vous m'aidez.*

Monsieur du ministère- *Si vous n'arrivez pas à payer la somme demandée vous pouvez au moins m'accepter comme petit ami.* Cette parole irrita encore Hassane.

Hassane- Je savais que c'est par là que le salop allait terminer. Le bâtard de bâtardise. A gnamogôdin !!!!!

Davila- Hassane lorsqu'il m'a dit cela j'étais plus que dépassée. Je savais aussi qu'il allait en arriver. Je savais mais comment j'allais m'en tirer. Il se faisait tare, déjà nous étions à 23 h. Comment vais-je lui dire que je ne pourrai pas rentrer avec lui au cas s'il le demandait.

Hassane- Arrange-toi comme tu peux mais ne rentre pas avec lui. *Davila se met à rire.*

Davial- Toi tu vois cela en un jeu vidéo ou c'est moi qui garde la manette. *Elle rit et continue d'expliquer le reste de son histoire. C'est ainsi qu'il me dit :*

Monsieur du ministère- *Donc qu'est ce que vous en dites demoiselle ? Renter avec moi ce soir et demain on se libère. Je sais que s'est trop vous demander mais c'est la dernière* *option que j'ai pour vous. Nombreux sont ceux du ministère qui en demandent plus. Mais moi je vous demande seulement cette nuit et au reste je fais de vous l'enseignante dont vous rêvez tant.*

Davila- *Mais quand vous dites que plusieurs personnes du ministère font pire que ce que vous me demandez qu'est-ce qu'ils font ? Eux ?*

Monsieur du ministère- *Non demoiselle je ne vais pas donnez les secrets de notre administration. Je vous ai déjà trop dire ce soir. Rien que vous avoir et vous donner du travail aussi. Ok. Demoiselle ?*

Davila- *Ah bon, Mais monsieur une question.*

Monsieur du ministère- *Oui posez-la demoiselle. Ne vous gênez pas. Dans peu de temps vous et moi formerons une seule chair pour cette nuit donc nous n'avons plus rien à cacher quelque chose.* Prenant des grains d'arachides grillées à l'huile de perroquet corrompue.

Davila- Changeant de mine *Ah bon hein. Et qui vous as dit que j'acceptais votre proposition monsieur ?*

Monsieur du ministère- *Personne n'a à me le dire je le vois de moi-même.*

Davila- *Pensez-vous qu'en faisant cela votre administration aura du succès ? Pensez-vous que c'est en vendant les places des concours au prix du sexe que notre pays sera émergeant comme le chante toujours le président du Bigtonguie ? La faute n'est pas à lui mais à vous qui salissez l'image de notre pays. Vous êtres d'une moralité de bassesse. M'avez-vous bien regardez avant de me demander de vous donner mon sexe en échange d'un travail dont je ne sais vraiment pas que vous dites la vérité. Même si c'était la vérité, je ne le ferai jamais. Je préfère rester dans la galère que de vivre dans l'humiliation à chaque fois que je serai devant mes élèves à leur enseigner des leçons. Faille que cela ne soit pas une leçon d'ECM aujourd'hui appelée EDHC. C'est vous qui nous mettez en retard. Si aujourd'hui notre école est au dernier rang de la sous régions c'est par votre faute, vous monsieur du ministère. Avec les filles que vous couchez sont celles qui enseignent nos enfants et petit frère dans les écoles. Elles ne savent même pas comment formuler une phrase pour le dire aux élèves, elles ne restent que sur les réseaux sociaux durant toute la journée. Cela n'est pas de leur faut mais de vous monsieur. Vous savez quoi monsieur, Votre concours que vous donnez par les actions intra-gembaires gardez le. Je n'ai que faire avec ça. Avez-vous des enfants ? Avez-vous des filles ? Avez-vous une femme ? Êtes-vous venu d'une mère ? Vous ne me répondrez que par* *un oui. Vous pensez quoi ? S'il arrivait que quelqu'un demande ces bêtises à une de ces personnes de votre vie allez-vous accepter cela ? Je ne sais pas si vous allez continuer à le faire mais plus jamais vous allez me demander ce gens de chose encore. Je n'ai pas de travail mais j'ai ma dignité. Pour votre gouverne, je suis marié à un simple étudiant du nom de Salia. Il n'a rien à me donner mais je l'aime et j'ai juré de ne jamais le trahir. Garder votre travail pour vos enseignants à la chair facile. Moi je ferai travailler ma tête pour obtenir mon concours. Ok.*

Hassane- Allez Davila. Merci bien pour cette réaction contre cet homme assoiffé de sexe

Davila- Lorsque j'ai fini de lui parler sur ce ton, il se leva et me dit :

Monsieur du ministère- Se tenant débout- *Vous ne savez pas ce que vous perdez demoiselle. Pour votre information quand on décide de rentrer dans l'administration Bigtongaise on choisit de finir sa carrière sans rien réaliser ou on décide de réaliser. La deuxième option est ce que tout monde choisirait mais à condition de satisfaire sa poche et sa libido. Les gens comme vous on les voit assez mais la réalité de notre travail nous demande de les laisser piailler et de vaquer à nos occupations.* Il tape la table d'une main dure et sort…

Hassane- Qu'il s'en n'aille avec sa mauvaise moralité. On préfère rester pauvre que de vivre avec tout un poids d'immoralité sur la conscience. Tu as bien fait notre Dalvila. Si toutes les filles étaient comme toi on n'en serait pas là. Dis-moi, et ton chérie Salia ?

Davila- A cause même de cette histoire je n'ai pas pu te donner de la place. Il est dans la chambre. Attend que je te donne une chaise et je pars vite l'appeler.

Hassane- Non laisse tomber je vais le trouver en chambre là-bas.

Davila- Ah ok. Donc vas il est dedans. Tient un peu d'arachide

Hassane- J'espère que ce n'est pas grillé avec de l'huile de perroquet corrompu ? *Les deux se mettent à rire ensemble et Hassane prend l'arachide dans les mains de Davila et continue dans la chambre de Salia. Un fois là-bas, il voit son ami assis devant son écran de télévision éteint, un livre en main intitulé Résistons à la corruption de Pierre Ezoua*

Hassane- Monsieur Salia toujours à la lecture.

Salia- Oui si nous n'avons que ça comme remède à nos problèmes juvénile. Je regardai un discours du Président du pays Lagrandesoeur. Son discours sur la jeunesse.

Hassane- Ah oui c'est un train bon et beau discours. Je l'ai écouté pas plus tard que ce soir. Un véritable poème galvaniseur de la jeunesse.

Salia- Oui mon frère. Moi c'est ce matin que je l'ai regardé. Mais dis-mois, comment tu vas ?

Hassane- Oui je vais bien. Et chez toi ?

Salia- Oui ça va par la grâce de Dieu.

Hassane- Tu à entendu là ce que ta femme me disait concernant son concours ?

Salia- Oui je vous entendais parler tout à l'heure. En tout cas c'est ainsi que cette histoire s'est passé. Et j'ai confiance en ma femme. Tu sais comme souvent on ne saute pas sur le serpent tué par une femme en matière de fidélité, sinon j'ai beaucoup confiance en ma femme **Davila**. Et le monsieur en question je le connais bien. Je connais des jeunes filles qui ont été sa victime. Tu connais bien Samira la star de la biologie, la responsable du club environnemental ?

Hassane- Oui je la connais bien

Salia- Tu sais bien qu'elle est devenu instructrice cette année ?

Hassane- Oui on m'a fait savoir cela.

Salia- Ah elle m'a dit qu'elle est passée par cette voie pour être cette enseignante qu'elle est aujourd'hui. C'est déplorable. Tu vois cher ami, ce sont ce genre de fille qui gâche notre combat contre la corruption. Pendant que certains font des efforts pour éviter la corruption d'autres la pratique en temps plein ; et de surcroit des jeunes. Djo, laissons cette histoire passons aux choses plus sérieuses. Comment-tu vas

Ceci étant, Hassane regarde avec beaucoup d'attention son ami. Dire qu'il doit l'abandonné pour un voyage lointain. Salia qu'il aime tant. Salia et Hasane ce sont connu depuis le premier cycle il y a de cela 10 ans. Les deux avaient fait la classe de sixième jusqu'à la classe de troisième au collège moderne de Loada une ville de Bigtonguie. Hassane était un homme très gentil et beaucoup religieux. Son défaut il aimait souvent la bagarre contrairement à Salia qui, lui était un homme pacifique de la non-violence. Leur deux eurent le Bac ensemble. Mais pendant que Salia était orienté à l'Université, Hassane avait été orienté dans une grande école. Hassane avait obtenu le Bara Te Sôrô et s'était inscrit pour une licence professionnelle en Marketing. Vu qu'il excellait en cela, ses parents décidaient de l'envoyer au Etats-Unis pour qu'il y termine ses études. C'est en effet pour cette raison qu'il était venu voir son ami Salia pour lui annoncer la nouvelle. Il avait de la compassion pour son ami au point qu'il avait du mal à lui dire. Ce soir-là, son silence interpella Salia qui finit par lui demander :

Salia- Mais qu'est- ce que tu as Djo, depuis tu es rentré, je te sens très silencieux et tu ne fais que m'observer avec un regard de pitié. Qu'est-ce qu'il y a ? Ou bien ta petite t'a laissé tomber ? *Il rit.*

Hassane- Non non loin de là mon frère.

Salia- Mais qu'est-ce qui se passe alors ?

Hassane - Rien mon frère. Au faite quand je pense à notre situation souvent, j'ai du mal à concevoir que nous allons nous séparer un jour.

Salia- Mais qui t'a dit que toi et moi allions-nous séparer un jour ?

Hassane- Personne mon frère quel que soit la distance nous resterons toujours soudés l'un contre l'autre. Tu sais quoi ? Depuis que nous avons eu notre master, nos études se sont désorientées, et nous partons pratiquement plus au campus. Pas de notre faute mais par la faute de notre Université qui jusqu'à neuf ans après son ouverture, n'a pas pu ouvrir une école doctorale.

Salia- L'incapacité de son administration ne lui a pas donné cette force vraiment de venir nous ouvrir une école doctorale.

Hassane- C'est cela mon frère. Pour cette raison, mes parents ont décidé que je les rejoigne aux Etats-Unis pour y terminer mes études.

Salia- Quoi ? Donc mon frère tu vas me laisser tomber dans ce pays de désordre là ?

Hassane- Vraiment mon frère. Je n'ai pas le choix. Depuis l'année dernière mon père avait parlé de cela mais je lui avais dit d'attendre d'abord mais voilà que cette année il a relancé à nouveau le processus et il dit qu'il à dépenser assez d'argent pour cela. L'université dans laquelle je dois m'y rendre a été déjà choisie et les frais déjà versés donc je ne pourrai refuser encore.

Salia- Oui tu as vraiment raison mon frère. Tu vas beaucoup me manquer. Et le départ c'est pour quand ?

Hassane- Ce soir même. Mon avions décollé cette nuit dès 00h30.

Salia- Mon frère. Tu as tout mon soutien je te souhaite vraiment du bonheur pour ce voyage.

Hassane- Tu sais quoi mon frère, un homme sage m'a dit un jour, la famille ça se soutient, ça se serre les coudes ça ne se relâche jamais quel que soit la situation. Toi et moi nous sommes une famille par le lien de l'école. Sache qu'en dépit de la distance qui nous sépare, nous resterons toujours ensemble. Ne jamais se relâcher et ne jamais abandonné quel que soit la raison. *Les deux se regarde les yeux dans les yeux et se serre les mains avant de se faire des accolades*

Salia- Aller arrêtons les émotions et vivons à font notre dernier moment.

Hassane- Oui mon frère tu as pleinement raison.

Salia- Allons que j'annonce la bonne nouvelle à ta belle-sœur Davila. Ou bien tu lui as déjà annoncé ?

Hassane- Non, c'est toi l'homme, c'est donc à toi que je viens dire avant qu'elle ne soit au courant. Donc allons maintenant. Mais n'oublie pas que nous devrons aller chez moi afin que je te confie certaines affaires.

Salia- Oui c'est vrai. Mais allons d'abord voir Davila car je sais qu'elle sera très heureuse pour cette nouvelle.

Hassane- Oui on y va mon frère

Ils sortent…

SCENE 4- Au grain de Papasalia

Au lever du rideau, PapaSalia est assis avec son ami MonsieurKino. Ils jouent au jeu de dame. Peu de temps après, MonsieurGrainInfo les rejoint et tous commencent à parler de l'actualité.

PapaSalia- Allez ! Joue ! Joue que je te gagne. Toi tu ne vaux rien et tu as la grande gueule. Joue ! Vas là-bas.

MonsieurKino- Viens ici. Vaux rien là. Joue ici là.

PapaSalia- Non, ce n'est pas là-bas que se trouvait mon pion, c'est plutôt ici.

MonsieurKino Mais non mon petit ton pion était ici. C'est ma mais qui l'a touché. Laisse toi aller c'est seulement deux coup que je vais te prendre. Ce n'est même pas beaucoup.

PapaSalia- Ha ok. C'est compris. Mais tu ne perds rien pour attendre. Tu verras. Ce que je vais te faire dans peu de temps. Laisse-moi regarder le thé au feu d'abord

Entre MonsieurGrainInfo avec un journal en main.

MonsieurGrainInfo- Bonsoir mes frère.

Les deux – Bonsoir MonsieurGraininfo. Comment allez-vous ?

MonsieurGrainInfo - Comme d'habitude. On fait comme si ça allait. Je suis un peu en retard aujourd'hui.

PapaSalia- Oui, mais on savait que vous allez arriver car vous aviez toujours de quoi à nous dire sur l'actualité de Bigtongui.

MonsieurGrainInfo- C'est cela mon frère. C'est même ce qui m'a mis en retard ce soir. Car je devrais attendre mon livreur de journal pour qu'il me fournisse quelque chose. Mais je suis là maintenant c'est l'essentiel.

MonsieurKino- Et quelle sont les nouvelles ?

MonsieurGrainInfo- Ah MonsieurKino laisse-moi m'assoir d'abord.

Ils lui donnent la place. Lui sert à boire du thé. A peine finit de boire qu'il se met en colère.

MonsieursGrainInfo- Vraiment c'est difficile, et c'est même honteux pour notre beau pays le Bigtongui. Depuis 47 jours des enseignants sont en grève. Non seulement ceux du primaire, du secondaire mais aussi ceux du supérieur. Regarde-moi ça, c'est ce qui me plait chez ces gens de journal BigtonguieGrandeGueule, ils ont toujours de quoi à couvrir le Pays. Concernant la grève des Supérieurs, ils ont nommé cela la grève des tenues vertes.

MonsieurKino- Et pourquoi font- ils cela ?

MonsieurGrainInfo- Tout simplement parce que ces gens de tenue verte, malgré leur rang social, ils sont descendu dans la rue.

MonsieurKino- Mais si c'est le cas comment appellerons-ils la grève des gens du primaire ?

PapaSalia-La grève des gens en manche long bien sûr car ces derniers ne s'identifient que par une chemise manche longue.

MonsieurKino, et toujours en tissu pagne !!!!

Tous se mettent à rire.

MonsieurGrainInfo- Vous-là hein, en tout cas comme j'aime bien le dire à Bigtongui,

Les deux autres- Tout est possible !!!

MonsieurGarinInfo- Moi-même je me pose souvent des questions sur ces grève a n'en point finir sur nos campus universitaire. Ces grévistes pensent-ils à l'avenir de nos enfants ?

MonsieurKino- Eux aussi ont des enfants, lesquels enfants ils doivent préparer leur avenir.

PapaSalia- Donc toi tu supportes ces grèves ?

MonsieurKino- La question n'est pas de chercher à supporter ou pas mais de gérer cette situation sans pour autant dénigrer un groupe.

PapaSalia- Depuis combien de mois mon fils Salia ne va pas l'école ? À chaque fois je lui demande il me dit que les enseignants sont en grève. Il a fini son Master il y a de cela bientôt trois ans. Il n'avance pas. J'ai même pensée qu'il avait doublé ses années. Mais ce n'est pas cela.

MonsieurKino- j'ai le même problème avec mes fils. Les deux sont allés à l'université ensemble. Mais aujourd'hui pendant que l'un me dit qu'il est en année académique 2000-2001 l'autre me dit qu'il est en année académique 1997-1998. C'est vraiment compliqué.

PapaSalia- Une anecdote, mon fils est venu me dire un jour qu'il était précepteur d'un enfant de CEI pendant que lui il était déjà à l'université. Mais aujourd'hui l'enfant est en année de Licence pendant que lui il est encore en ce putain de Master 2.

Il rire et ajoute.

Cependant cet enfant n'a pas puis terminer sa licence. Au premier jour qu'il a vu mon fils à la rentrée de l'université, il dit à mon fils Eh grand frère depuis là vous êtes encore à l'université. Mais juste après deux années incomplètes mon fils le voit avec ses dossiers inachevés. Mon fils lui demande, Mon petit y a quoi ? Et il dit grand frère je n'en peux plus. L'université ici est trop lente Je suis venu prendre mes dossiers pour quitter l'université. Et mon fils lui dit « déjà. »

Ils se mettent tous à rire.

MonsieurGrainInfo- Attendez !! Encore !!! Deux bateaux des migrants ont chaviré sur la mer. Plus de 250 morts. Le Président du Bigtongui rend hommage aux enfants du pays resté dans ce voyage de titan.

PapaSalia- Tu peux sauter cette partie car je n'aime pas les infos concernant les migrants.

MonsieurKino- Mais pourquoi ? J'espère que tu ne muris pas l'esprit d'envoyer ton fils sur cette voir de mort ?

PapaSalia- Ah MousieurKino je dis tout simplement de laisser cette parole.

MonsieurGarinInfo- Hummm PapaSalia, Hummmm tu ne vas pas faire cela à l'enfant là.

PapaSalia- Mais qui vous a dit que je l'ai envoyé là-bas ? Cependant, pourquoi ne le ferais-je pas ? Depuis combien de temps j'attends qu'il fasse de moi un père heureux. Son âge augmente de jour en jour. Il passe toujours des concours mais jusque-là rien. Pas parce que mon fils vaut rien mais parce qu'il n'a pas L'ARC donc on ne le prend jamais dans les concours.

MonsieurKino- c'est quoi l'ARC

PapaSalia- ça veut tout simplement dire ARGENT RELATION CHANCE pour avoir une quelconque marche au succès. Le Bigtongui est devenu très difficile. Notre expérience de vie est réduite par le manque d'assistance à une personne en plaine pauvreté.

MonsieurGrainInfo- Mais ce n'est pas une raison mon ami. C'est n'est pas une raison pour donner votre fils aux requins humains qui le vendrons aux poissons de mer. Voulez-vous donner votre fils à la mort tortionnaire ? PapaSalia, parmi nous ici tu es le plus nanti grâce aux efforts de cet enfant. Bien qu'il soit encore étudiant il fait toujours son possible pour subvenir à tes besoins. Vraiment tu nous déçois. Mais je te dis, gare à toi si cet enfant ne revient pas sain et sauve. S'il ne revient pas, s'il ne revient pas Hummm. Moi je m'en vais. *Il sort.*

MonsieurKino- Moi je n'attendrai pas son retour. Entre toi et moi c'est fini. Car Salia était pour moi le plus digne des fils. Plus jamais je ne veux te voir chez moi encore. Au revoir. *Il sort.*

PapaSalia- Mais c'est quoi ça. Je vous dis qu'il n'est pas encore parti. Et vous vous énervez comme ça. Vraiment.

monsieurKino revient et lui dit

MonsieurKino- Arrange-toi qu'il en soit ainsi. Sinon, sinon, sinon PapaSalia hummm. *Il sort.*

PapaSalia- *seul-* Mais c'est quoi ça. L'enfant même qui n'est pas encore parti. Prrrrrr je m'en fou. J'ai déjà décidé. Mon fils partira en Europe. Et cette idée personne je dis bien personne ne me l'enlèvera à l'esprit. C'est toujours comme ça. Ceux qui refusent le départ de ton enfant sont ceux qui acceptent son bonheur ramené de l'Europe. Nous nous sommes tous opposé ici au départ du fils de Katherine. Mais aujourd'hui nous tous l'admirons. Allez-y sans fermer la porte. Lorsque mon fils reviendra elle sera toujours ouverte afin que vous puissiez rentrer pour lui quémander comme vous savez bien le faire face aux gens venus de l'Europe.

Entre sa femme.

MamanSalia- Mais tes amis sont déjà partis ? J'ai vu MonsieurKino sortir. Je l'ai appelé il ne m'a même pas parlé.

PapaSalia- Oui ils sont partis plus que prévu. Ils disent que parce que j'ai muri l'esprit de faire partir mon fils en Europe surtout par la voie de mer. Donc ils sont fâchés.

MamaSilia- Han ! Pour quelqu'un qui n'est pas encore parti. Seulement parce que tu as muri l'esprit. Ah eux aussi. *Un petit silence et elle reprend la parole.* Mais PapaSalia, tu ne trouves pas que ça sera dangereux pour notre enfant. Tu ne trouves pas que nous exagérons un peu ? Il fait déjà beaucoup pour nous ici.

PapaSalia- Ah MamanSalia, tu es aussi facile que ça ? Il fait beaucoup pour nous c'est vrai, mais quand il partira, il fera encore plus. Ma femme trop de viande ne gâte pas la sauce. Ne soit pas si facile. Ceux qui refusent son départ reviendront à grands pas nous faire la courbette ici. Tu t'imagines un peu le fils de Katherine. Oh ma femme soit optimiste.

MamanSalia sourit et commence à ramasser les affaires de son mari. Entre Salia. Tout en colère.

Salia- C'est plus la peine. Vraiment je n'en reviens pas. A Quand cette fin d'échec. Depuis plus de cinq ans, je passe des concours. Rien ne marche. Si pour les autres années me font mal pour cette année est encore plus atroce.

MamanSalia et **PapaSalia-** Qu'est-ce qui se passe mon fils ? Qu'est-ce qu'il y a ?

Salia- Papa, maman, sans vous informez que j'avais passé le concours de Personnality adminitrative, ce matin mon ami m'a appelé pour me dire que mon non était affiché que j'avais reçu au concours. Mais d'ici mon arrivé là-bas, ils ont changé la liste. Mon nom n'y ai plus. Je vais voir le directeur des concours il me dit que c'est par erreur que mon nom avait figuré. Il me demande que : qui m'a envoyé à faire ce concours. Je lui dis que je suis venu par mes efforts jusqu'au troisième tour il dit de sortir de son bureau et de ne plus compter sur ce concours.

PapaSalia- Comme je l'ai dit, rien ne me surprends ici à Bigtongui. Surtout ce concours Personality adminitrative. C'est un concours qui est composé avant d'être lancé. Si tu m'avais prévenu, tu n'allais pas le passer. Tu allais me donner l'argent que tu es allé mettre dans la pochette pour que je paye ma cotisation du mois au village. Rien ne me surprend ici à Bigtongui.

Salia-Papa, Maman. Pardonnez-moi, je pense que je vais prendre une décision qui ne va peut-être pas vous plaire. Après mon échec d'aujourd'hui, j'ai décidé de partir en Europe par la mer comme l'a fait le fils de Katherine.

Les deux parents en cris de joie.

PapaSalia- Rien ne me surprend ici à Bingtongui. Je savais que tu allais y arriver. Mais je t'attendais depuis. C'est une très bonne idée. Nous te soutiendrons jusqu'à la fin. Sois optimiste mon fils tu arriveras jusqu'aux champs Elysée. Et moi ici je ferai le père du jeune Parisien et ta mère la femme du père du jeune parisien. J'ai 3 million en réserve quelque part je te donnerai cela pour tes dépense.

MamanSalia- Toi c'est seulement ça que tu as ? Moi j'ai 4million 500 en réserve. Je lui donnerai tout pour ce voyage. Sache que tu as toute nos bénédictions.

Salia- Merci maman. Merci Papa. Merci pour votre soutient.

PapaSalia- MamanSalia allons donc rassembler l'argent. Pour notre futur Européen. C'est une occasion à ne pas rater. *PapaSalia attrape sa femme et sort. Sur scène, Salia est seul désespéré mais très engagé pour son voyage sur l'Europe. Entre Davila qui a tout appris sur son échec à son concours. Elle vient pour le consoler. Cependant il reste ferme sur sa décision. Elle s'y oppose mais Salia la domina pour faire sa propre volonté qui est d'aller par la mère en Europe.*

Davila-J'ai tout appris sur ton échec aujourd'hui. Vraiment je suis désolée mon chéri. Mais il y a toujours de l'espoir. Nous allons toujours continuer à tenter les concours au moment venu nous serons retenus.

Salia-Je n'en peux plus. Davila pour cette fois, ils sont allés loin. J'ai décidé de tout arrêter.

Davila- Tes parents le savent ?

Salia-Oui je viens de les informer. Ils ont même demandé que je parte en Europe pour aller me défendre là-bas.

Davila-Ah c'est une bonne idée. Mais tes papiers sont déjà prêts ?

Salia- Non je ne partirai pas par le vol. J'irai par la voie de la mer.

Davila-Non Salia tu ne me diras pas que tu as accepté cette décision de tes parents ?

Salia- C'est une décision qui vient de moi-même. Je n'en peux plus au Bigtonguie. Le Bigtongui nous tue avec son système politique, économique et social.

Davila- Salia je t'en prie reviens à toi. Tu ne prendras pas cette voie pour l'Europe ? Ne vois-tu pas que des gens meurent chaque fois sur cette voie.

Salia- Pourquoi pas ma Davila, je prendrai cette voie avec assurance car le voyage que je mènerai, sera un voyage noble sans détour. Pourquoi je ne partirai pas sur cette voie si même pour avoir les papiers pour voyager par avions est encore un travail de titan ici à Bigtonguie. Laisse-moi partir mon bien aimé.

Davila-Et tes études qu'en feras-tu ?

Salia- Tu me parles des études ? Depuis combien de temps suis-je à l'université ? Depuis plus de huit ans. Mais jusque-là je ne suis qu'en Master. Pas parce que j'ai repris une année académique mais parce que nous avançons à pas de caméléon. Toujours ce ne sont que des grèves sur le campus. Tantôt ce sont des enseignants tantôt des étudiants. *Il lève le ton* A quand la fin du retard dans nos universités. A quand ? Davila dis-le moi. Tu me connais. Tu sais combien de fois j'ai aimé les études. Leur grève sinon nos grèves intempestives me coupent l'envie des études.

Davila-Mais Salia, la grève, le gouvernement trouvera une solution. Ce n'est pas une raison pour prendre cette voix caniculaire pour l'Europe.

Salia- Oui ce n'est pas une raison mais s'en est une parmi tant d'autres. De quel gouvernement me parles-tu ? Celui du Bigtonguie ? Non Davila, Ce ne sont que des chiens voraces assoiffés de coalition. A ta juste mesure dit-moi sur quel gouvernement devrons-nous compter aujourd'hui ? Eux tous sont divisé. La gauche est disséquée pendant la droite se disloque progressivement. Dis-Davila comment ces dernier pourrions régler nos préoccupations. C'est la désillusion aujourd'hui à Bigtonguie.

Davila- Je le sais mon amour, mais pardon reste, reste ne vas pas par cette voie. L'eau de la mer est très forte.

Salia- Pas plus que le liquide amniotique que j'ai traversé dans le ventre de ma mère. Si je suis sorti vainqueur là-bas parmi plus de mille conquérants je serai vainqueur ici ; Encore que là-bas, la seule raison du combat était de vivre. Mais ici il y a plusieurs raisons qui sont : vivre survivre et faire vivre. Vivre pour toi-même. Survivre au massacre des systèmes Bigtonguie et faire vivre tous ceux pour qui tu es l'espoir. Davila rien ne pourra m'arrêter encore je partirai à ce voyage et je reviendrai saint et sauf.

Davila- Salia !!! Je t'en prie, écoute-moi. Ecoute-moi, C'est dangereux pour toi et même très couteux. As-tu de l'argent pour partir ?

Salia- Mes parent ont rassemblés 7millions 500mille pour moi.

Davila- *Avec force* Merde !!!!!!!!!!!!!!!!! C'est trop Salia. Salia c'est trop pour s'acheter la mort. Salia, Salia écoute moi écoute moi Salia. *Elle baisse la tension.* On se calme, on se calme chérie. Avec cet argent, tu pourras te monter un bon et très grand projet ici à Bigtrongui.

Salia - Pour être la proie de la corruption du Bigtonguie. Entreprendre ! Entreprendre ! C'est le mot qu'ils ont mis à notre bouche et dans nos oreilles. Tu te rappelles de mon projet de Cyber Café que j'avais monté ? Qu'est-ce que la compagnie de l'électricité ne m'a pas montré ? Des factures incontrôlées sans preuve de consommation. J'ai financier le projet d'hévéas culture où en sommes-nous aujourd'hui avec le prix de l'hévéa ? Davila laisse-moi partir à ce voyage.

Davila-Non non et non.

Salia- C'est une opposition à ma prise de décision ? C'est votre émancipation à la Bigtongaise ? N'est-ce pas ? Dire deux quand votre homme dis un.

Davila- Salia nous n'allons pas revenir ici sur cette question d'émancipation à Bigtongui. S'il te plait Pour l'amour de Dieu ne vas pas à ce voyage. N'y vas pas pour l'amour de Dieu.

Salia- Ma Davila, ton intelligence est sans pareil. Ton courage est légion ton amour est inégalable. Approche. Vient que je te parle en aparté. *Il lui parle pendant un certain moment.*

A peine qu'ils finissent de parler qu'entre MamanSalia et PapaSalia. Il vient s'accorder sur les derniers points du voyage de son fils.

PapaSalia- Mon fils tout est fin prêt. Cette nuit même tu iras. Ça sera facile mon fils. Car nous avons mis à ta possession assez d'argent. Plus de 7Millions. Vas, tu n'échoueras point. Va vite te reposer. Ma fille tu peux l'accompagner. Soutiens-le pour ce voyage. Car lorsqu'il réussira tu seras la première bénéficiaire. Evite de penser le pire. Vas accompagne-le. Je vois dans ton visage une déception mais laisse, tiens ta foi en Dieu. Allez, va l'accompagner afin qu'il passe ses derniers moments ici à la maison. Dès demain il sera Salia le voyageur et progressivement le Parisien.

Davila- Papa !!!!!!

Salia attrape Davila par les épaules, la console et ils sortent

Scène 5 – DAVILA Chez sa camarade

Au lever du rideau, une grande inscription sur la face de la scène où il est écrit en grand caractère quelque année plus tard. Davila apparait sur scène avec une allure de femme veuve, délaissée, foula attaché, dans la mais avec une robe ample. Elle est devant la cours de sa meilleure amie qui vient lui ouvrir la porte. A peine celle-ci l'a vu, que les deux font en larme. En effet, son amie avait appris depuis des mois le voyage inopportun de Salia qu'elle admirait tant à cause de son courage. Et chaque fois que Davila ne cessais d'appeler son ami pour se confier à elle. Aujourd'hui les deux s'étaient donné rendez-vous afin de se voir pour pouvoir échanger.

Davila- *frappant à la porte de sa camarade-* kpô kpô kpô !!!

Malika- *Comme si elle savait que sa camarade était déjà là, elle vint vite lui ouvrir la porte..* Davi *comme elle l'aimait bien l'appeler. Elle lui ouvrit la porte. Lorsque Malika l'a vu, les deux se regardais pendant un court moment et se mis à fondre en larme. Sa camarade la pris par les épaule et. Elle l'a fit assoir au salon. Pendant un moment, les deux observant un petit temps de silence et Davila lâcha d'une parole.*

Davila- Je n'en peux plus ma sœur Malika !

Malika- Dieu seul pourra nous aider dans cette histoire.

Davila- Salia était tout pour moi. Rien ne s'est passé derrière toi. Et depuis je l'ai connu je ne plus aimé un autre homme si ce n'est lui. Mon père s'est opposé pendant des années à notre union. Il n'a jamais accepté que je me marie avec lui jusqu'à sa mort il ne l'a pas accepté. Ma mère qui me soutenait est décédée. Me voici seul avec Salia à vivre selon nos moyens. Mais par la faute de ses parents, mon Salia est parti à un voyage dont nul ne sait qu'est-ce qu'il en est.

Malika- Tu m'a dit que depuis son départ il n'a pas fait signe de vie. Même pas un appel ?

Davila- Lorsqu'il est parti, c'est quand il est arrivé en Lybie qu'il m'a appelé un jour. Me disant qu'il avait eu la chance d'avoir un bon tuteur qui lui avait même promis qu'il l'aiderait à passer les frontière dangereuse entre les villes afin qu'il atteigne le bord de la mère et avoir un bateau pour l'Ampedouzo. Mon Salia, Mon Salia, es-tu encore en vie ? N'es-tu plus en vie ? Fais-le-moi savoir. Montre-moi un signe.

Malika- Davila ne dis pas cela. Salia va s'en sortir. Ce jeune homme était un homme très combattant et très respectueux. Durant tout le temps il n'a fait que chercher la bénédiction de ses parents.

Davila- Mais lui ont-ils donné ? Là je n'en sais rien. Salia était tout pour eux ici. Il leur payait tous ceux dont ils avaient besoin. Les crédits de sa maman aussi élevé que soient-ils, les participations de son père dans des réunions à n'en point fini, la nourriture à la maison ne manquait pas. Nous n'étions pas riches, mais nous ne dormons pas avec la faim. Mais ses parents l'ont contraint à prendre la décision pour ce voyage où le succès est incertain. *Elle pleure plus fort et son ami l'épaule en tapotant son dos avec assez de tendresse.*

Malika- Davi tais-toi. Tais-toi et remettons à Dieu qui est le seul sauveur. Mais dis-moi avant mon départ d'ici, pendant que j'étais à Bigtongui sud, tu m'avais dit qu'il avait fait un Cyber café et un champ d'hévéa ?

Davila- Oui ma sœur. Son Cyber qu'il avait, les gens de l'impôt nous ont pourris la vie. Chaque fois ils créaient de ces papiers qui coûtaient des sommes élevés au point où nous avons été obligés d'arrêter. Il y a aussi la facture d'électricité qui ne venait jamais, lorsque nous sommes allé nous plaindre pour cela, ils nous ont dit que cela allait être réglé mais en vain. Un jour ils sont venus avec la facture coûtait plus de cinq cent mille francs. Nous avons été contraint de fermer le cyber ma sœur car il y avait trop de pression sur nous.

Malika- Mais cela n'est pas normal. Des jeunes font tout possibles pour se faire de la place dans la société, et eux ils ne font rien. Le gouvernement Bigtongais est vraiment une merde. *A Davila* Et son champ d'hévéa ?

Davila- Son champs lui a été arraché par des gens du village. Ils disent que Salia n'est pas de leur village donc ils ne pourront pas accepter de lui laisser la terre. Or celui qui lui avait laissé la terre était déjà décédé en ce moment, donc il était obligé de laisser le champ aux villageois après tant de travaux champêtres. Que de souffrance que lui et moi avions subit dans ce champ ! Mais bien avant cela aussi, le gouvernement avait baissé le prix de l'hévéa si bas que tout cela nous décourageait à faire face au palabre des villageois.

Malika- Encore eux les membres du gouvernement, toujours prêt à décourager dans leur semblant d'encouragement avec les beau discours fait dans sur écrans.

Malika- Mais et ses études ? Cela n'a plus continué ?

Davila- Que vais-je répondre ma sœur, cela à continuer ou pas, nul le ne sais

Malika- Comment ça ?

Davila- La soutenance de Salia fut une soutenance dont la note qu'il a obtenu n'équivalait pas à sa valeur. Il fut bien apprécié après sa présentation mais lors de la délibération ils lui ont donné une notre qui était en deçà de sa valeur. Bien qu'il soit admis en Doctorat, sa note ne lui a jamais convaincue. Maintenant depuis cette année l'université n'a pas encore été capable d'ouvrir l'école doctorale il y a de cela aujourd'hui trois ans.

Malika- Mais et les concours ? Ne les essayait-il pas souvent ?

Davila- Si. Il a plusieurs fois essayé les concours. Mais tu sais nous sommes à Bigtonguie, tant que tu n'a pas l'ARC rien ne pourra marcher pour toi ici.

Malika- En tout cas !

Davila-Sinon il a plusieurs fois essayées les concours. Et il est parti au dernier tour dans tous ces concours qu'il passait. Mais les gens lui ont toujours demandé de donner de l'argent avant qu'ils ne le laisse arrivé au sommet. Tu le connais si bien. Bien qu'il ne fût pas riche, c'était un homme intègre et très fier de lui-même par son travail. Il n'acceptait pas.

Malika- C'était vraiment la chose auquel il croyait vraiment. Le travail. *Un silence s'installa entre les deux camarades.* Salia fut oppressé par la vie Bigtongaise, ces parents, le gouvernement, la vie universitaire, tous ensembles comme d'un commun accord, lui ont rendu la vie difficile. Ils ne lui ont pas laissé la liberté de réussir. Ils ont voulu faire de lui l'éternel enfant pendant que lui voulut aller de l'avant, poursuivre, aller au fond de ses rêves, connaitre la vie indépendante, la mener, briser ses mythes et atteindre le sommet de par le travail. Mais le système était plus que lui. Il a fini par suivre la parole de ses parents qui était les seuls qui pouvaient m'aider à le pousser dans sa dernière chute. Mais ils ne l'ont pas fait. Ils ont préféré lui dire d'aller en Europe de manière clandestine. *Elle pleure*

Malika- Nombreux sont les jeunes qui sont à l'image de Salia pris entre l'étau d'un système qui était censé les protéger mais qui ne l'a pas fait, un système politique, familiale, économique, sociale, tortionnaire qui tuent les jeune, l'avenir de demain.

Davila- Maintenant qu'il n'est pas là, sa mère au départ me menait la vie difficile disant que je m'opposais à la réussite de son fils. Aujourd'hui elle commence à comprendre le sens de mon opposition à leur décision irraisonnable. Mon salia est-il en vie ou pas, je ne sais pas. *Elle pleure.*

Malika- *Laisse-moi te dire Davi. Ais toujours la foi en Dieu. Dieu te donnera de ses nouvelles* dans les jours poches. Continue de prier tu auras de ses nouvelle.

Davila- *Toujours en pleur*- Qu'il en soit ainsi.

Malika- *Réconfortant son ami*- Sèche tes larmes. Aller ! Viens dans mes bras. *Elle la serre dans ses bras et lui dit* Laisse-moi te cuisiner un peu de bouillie, et promet moi de manger car cela est nécessaire pour toi. Aller accompagne moi à la cuisine d'ailleurs. *Les deux se lèvent et se suivre pendant que le rideau tombait au fur et à mesure qu'elles se perdant dans le fond de la scène.*

ACTE 3- A Bigtonguie

SCENE 1- *Bigtonguie*

Au lever du rideau, nous sommes dans la cours de Salia. C'est 13h, l'heure du journal. PapaSalia vient allumer la télévision car il aime beaucoup écouter le journal parlé. Comme d'habitude, l'actualité est dominée par l'immigration clandestine. Peu de temps après, son ami Graininfo le rejoint pour lui parler de sa fille Koni qui a un problème de santé.

PapaSalia- *Regardant l'horloge sur le mur*- Mais il est 13h, j'allais manquer le journal, A cause de cette petite filles là. *Prenant la commande.* Que nous réserve le Bigtongui aujourd'hui ? Ah c'est cette journaliste qui est là aujourd'hui ? Marie Laure N'goran,

La journaliste- *Mesdames et messieurs Bonjour, nous somme aujourd'hui samedi 22 novembre bienvenu dans ce journal de 13 h. A la une de, plus de 600 migrants noyés en méditerranée entre la Lybie et l'Italie. Certains Président de la sous-région envoient déjà des avions pour le retrait de leur sortissant vu la vente des êtres humaines qui faufile sur le réseau sociaux. 750 milliard de dolar de fcfa par le groupement des banques pour lutter contre l'immigration clandestine Ici chez nous à Bigtonguie, le président appel les Bigtongais à l'Ampedouza à revenir au paye vu le calme et la stabilité qui est maintenant qui y règne.. C'était les titres de ce 13h. Pause…*

La journaliste- *Bonjour mesdames et messieurs. Or de nos frontières, plus précisément entre la Lybie et l'Italie, plus de 600 migrants noyés dans la mer en jour. La situation devient critique est provenance des a un naufrage jamais produit. Les commentaires de MarcDigré.*

Le Commentaire- *C'est au nord de la Lybie plus précisément à Tripoli que les migrants ont pris le bateau gonflable pour l'Italie. Après quelque jour de rame ils ont été propulsés par des vagues fortes. Ce qui à provoquer le reversement de leur bateau. Au nombre des migrants, l'ont compte des Bigtonguais, des Maligais, des Senegais et plain d'autres de nationalité Gaise. Face à la situation, des organisations de banques ont décrétées l'état d'urgence pour résoudre vite cette situation. D'où un financement de 750 milliards de dollar destiné à ses pays beaucoup touchés par l'immigration clandestine.*

PapaSalia- Voilà, toujours là à parler des milliards pourtant nous ne voyons rien. Ils font tout cela pour décourager nos enfants pour la route de l'immigration. Mais ils ne pourront pas car la raison qui doit les pousser à rester est cette raison qui les pousse à aller. Vous dites qu'il y a un financement de 750 milliards pour les jeunes pourtant quand ils restent ici par exemple à Bigtonguie, vous être incapable de leur donner du travail. Par votre corruption ce financement des banques reste dans vos poches au lieu d'être remis à qui de droit. Moi mon fils ira. Si vous voulez, montré nous des images plus sanglantes que ça, mon fils ira par la méditerranée en Europe. Et puis ce n'est pas cher car la bénédiction fait déjà la grande part de financement. *Entre son ami sans frapper.*

GrainInfo- Mais tu parles seul maintenant.

PapaSalia- Non je parle avec ces menteurs à la télévision. Ils ne font que nous mentir avec des images fabriquées. Ils disent encore qu'un bateau a chaviré et que les banques ont donné 750 milliard de dollar pour aider les pays touchés par l'immigration clandestine.

GrainInfo- oui c'est passé ce matin à la télé. Ne prend pas cette histoire à légère mon ami. Ce qui fait mal en tout cas dans cette affaire, c'est l'argent financé pour aider la jeunesse qu'on ne voit pas qui est inadmissible. Mais on ne peut pas faire autrement.

PapaSalia- Si si nous pouvons faire autrement en ne les écoutant pas et envoyant nos enfants partout là où il y a la réussite. Moi je me fiche de leur argent de milliard par ci milliard par là. Mon fils est mon produit rentable. Et nul ne viendra me dire de ne pas tout mettre en œuvre pour sa réussite.

GrainInfo- S'il te plait mais pas sur cette ....

PapaSalia- *faisant signe à son ami-* Attends attends, le Président parle à la télé.

Le Pésident de Bigtonguie. *... C'est avec un grand regret que nous avons appris le grand naufrage qui s'est produit ou nous avons selon les médiats perdu certains fils de notre pays. Nous revenons encore pour dire aux jeunes de garder leur calme. La réussite se construit elle ne se prend pas dans la facilité. Restez chez vous. Travailler pour construire votre pays au lieu de Se jeter à l'eau chaque jour. Je vous le dis. La raison qui vous conduit à prendre cette voie caniculaire est celle qui doit vous maintenir ici. Certains nous disent qu'ils préfèrent mourir sur cette voie que de voir leur parent souffrir. Je leur demande qu'est-ce que la souffrance qu'endure leur parents ? La vie est un processus d'inégalité et non d'illégalité. La situation que vivent vos parents ne restera pas telle. Et qui pourra changer cela ? C'est vous mais pas en allant sur la mer mais tout simplement en se mettant au travail. Donc Pour une fois encore chère jeunesse, dites non à l'immigration clandestine. Notre pays est en voie de développement. Restez concentré ensemble nous irons loin. Nous avons été joints par l'agence de l'immigration nous disant que nous avons des ressortissants Bigtongais en Italie, mais ce que j'ai à leur dire qu'ils retournent dans leur pays. C'est ensemble que nous serons forts. Le Bigtonguie est en plein essor économique.*

PapaSalia- La situation devient vraiment critique. Nos enfants ne font que partir au point que le quartier est vide, les villes sont vide le pays se vide de jour en jour. Pourquoi ? C'est parce que leur histoire de « le pays est en plein essor économique » est un mirage total.

GrainInfo- La situation Bigtongaise est en tout cas critique. On ne cesse de nous dire chaque jour que tout va bien pourtant nous vivons au seuil de 1000 f par jour avec nos familles.

Ils se taisent pour écouter la journaliste

La journaliste- *Toujours au tire de l'actualité sur l'immigration clandestine. Les migrants arrêtés s'explique au micro de notre envoyé spécial AlvorAssa.*

AlvorAssa- Nous sommes actuellement à l'Empedouza dans le fieffe des migrant ou nous avons pu avoir quelques propos des migrant sur leur rapatriement. Ecoutons ...

Un migrant- *Nous, avant de venir ici, nous avons donné notre vie à la mort. Avant de quitter notre pays nous avons été tués psychologiment même par la pauvreté. Parce qu'au pays, il n'y a rien. En tant que des enfants dignes, nous ne pouvons pas accepté de regarder nos parents mourir de faim. C'est pour cela nous avons préféré se livrer à la mer et voir ou elle peut nous amener.*

Alvor Assa- *Mais en venant ici vous pouvez perdre la vie et vos parents ne le sauront pas.*

Le migrant- *Oui nous sommes bien conscients de cela et nous en sommes fiers. Nos pays bigtonguais nous tuent avant même notre mort. Moi je suis un étudiant et j'ai des diplômes. Mais je n'ai jamais eu de concours et je n'ai jamais été embauché par une société. Vous savez pourquoi ? Parce que je n'ai pas l'ARC Agent Relation Chance. Pour cela je préfère aller sur la mer et tenter ma chance. Je ne vois pas de mal à cela.*

Alvor Assa- *Mais vu la souffrance que vous avez enduré sur la route, les présidents des pays de Bigtonguie sont en train de venir vous chercher pour retourner au pays que dites-vous de cela ?*

Le migrant- Il rit *Je ne sais pas par quel moyen les gens pourrons venir nous prendre ici ? J'ai fait le désert pendant 17 jours, j'ai fait la prison à tripoli pendant 15 mois j'ai traversé la mer pendant 27 jours sans manger tout cela pour venir en Europe, maintenant que je suis arrivé déjà vous parlez de venir me chercher ? Comment vous-même vous voyez cela ? Nous savons que vous avez été envoyé mais sachez poser vos questions Monsieur. Ne nous demandons pas l'impossible. Moi j'attends le président qui viendra me chercher. C'est impossible. Je ne connais pas pour les autres mais pour moi est impossible. Je ne retournerai au pays que lorsque j'aurai ma réussite.*

Alvor Assa- *Mais qu'est-ce qui vous attire tant à venir en Europe ?*

Le migrant- *Parce que c'est un pays de droit. Ici au moins même si nous n'avons pas de travail et trouvons cas même à manger. Pourtant dans nos pays Bigtonguais, c'est la merde. C'est la misère totale. Moi je resterai ici, et si Dieu m'a permis d'entrer, Il me permettra d'avoir mon papier et de travailler un jour. Sauf ma mort sinon je ne quitterai pas l'Europe tant que nos pays Bigtongais ne donne pas du travail à la jeunesse, tant qu'ils n'arrêtent pas la corruption, tant qu'ils ne respect pas le droit de l'homme. C'est aussi simple comme de l'eau à boire.*

Alvor Assa – *Maurie Laure N'Goran vous venez là t'entendre quelques propos de notre invité qui s'est désigné de lui-même pour nous donner son point de vu la situation des migrants. Il dit ne pas être prêt pour des raisons sociales et économiques. Maintenant à vous l'antenne.*

PapaSalia- Ce jeune homme est un enfant digne. Je suis fier de lui. Il n'a fait que dire la vérité. Nos pays Bigtongais nous tue moralement. *A Grain Info.* Il a très bien parlé. Ou bien tu diras encore que ce qu'il vient de dire est faux ?

GrainInfo- Non c'est de la pure vérité qu'il vient de dire là. Nos jeunes souffrent vraiment. Les Président nous disent toujours qu'ils pensent toujours à la jeunesse avant le pouvoir.

PapaSalia- Pourtant rien, rien du tout. Cette télé m'énerve même. *Il éteint la télé et il change de sujet.* Dis-moi, que me vaut l'honneur de ta visite ?

GrinInfo- Rien de grave mon ami. J'étais de passage et je suis passé te dire un bonjour et te rappeler pour la réunion à venir.

PapaSalia- Oui je ne l'ai pas oublié.

GrainInfo- Il y a aussi un autre problème. Concernant ma fille Koni.

A cette parole, PapaSalia baissa sa tête, et trouve du mal à regarder son ami.

PapaSalia- Ah bon, qu'est-ce qu'elle à la pauvre ?

GrainInfo-Depuis un temps j'ai constaté que ma fille Koni à beaucoup changé. Elle dort à chaque fois, Son état à changer. Elle ne cesse de vomir et se plein même des palus.

PapaSalia- Ah là ce n'est pas bon. Et elle dit que qui lui a fait ça ?

GrainInfo- Quoi ?

PapaSalia- Ah bon, rien. Rien mon ami.

GrainInfo-Mais tu as quoi à me demander si tu ne te reproches pas quelque chose. Mon ami tu m'a dessus. J'ai demandé à ma fille, et elle m'a dit que c'est toi qui lui as fait ça. Pourquoi mon ami ? Pourquoi ?

PapaSalia- Mon ami je vais tout t'expliquer. Assied toi. *Il tente de toucher son ami et celui-ci le rejette.*

GrainInfo- Tu m'as déçu. Je ne pensais pas cela de toi. Ma fille, mon unique enfant fille. Qui vaut l'âge de ton troisième enfant. Tu as pu te déshabiller devant elle. Et lui introduire entre les jambes. Tu es le diable en personne. Laisse-moi.

PapaSalia- Mon ami, mon ami, nous allons trouver une solution.

GrainInfo- Laquelle ? Le vin est tiré il faut le boire. Tu iras en prison. Wait and see. *Il sort...*

PapaSalia- *Baisse sa tête et jette la télécommande qui se trouvait dans sa main. Et parle à son sexe*- C'est toi tu as pu me faire cela. Je t'ai toujours dit de te contrôler. Tu refuses. Chaque fois c'est toi qui es tendu chaque fois. Voilà que j'ai mangé mon totem. Enceinter l'enfant de **GrainInfo**, mais vaut mieux que j'aille le dire moi-même aux habitants de Bigtonguie car en un temps record tout le monde le saura. *Il baisse sa tête un temps et prend sa chemise pour sortir...*

SCENE 2 – Chez la famille Katherine.

Au lever du rideau, Le fils de Katherine est de retour de l'Europe. C'est la joie pour Katherine et sa fille. Mais c'est toute une désolation pour son fils binguisse.

Katherine- Koni, Koni

Koni- Oui maman !!!!

Katherine- Mais que fais-tu depuis-là dans la chambre là-bas ? Tu sais très bien que ton frère est arrivé. Il faut qu'on lui cuisine quelque chose de très bon. Fait vite il faut qu'on aille au marché.

Kani- Oui maman. Mais lui-même s'est réveillé ? Je parie qu'il dort encore.

Katherine- Oui tu sais quand ils sont à Parie il ne dorme pas. En Europe il n'y a pas de sommeil car l'argent est tellement beaucoup là-bas qu'on n'a pas le temps de dormir. Et il y a aussi assez d'activité à faire. Tu sais très bien aussi que nos enfants qui quitte pour l'Europe, sont partir pour se chercher donc tu ne peux pas dormi.

GrainInfo- Hummmm ma Katherine !!!! Vraiment tu es envouté par l'Europe. On ne peut même pas dormir. Depuis 5 Heure tu ne fais que crier dans la cour. Tu es la seule qui a un enfant revenu de la Farnce ? Hummm Tu es seule ? Regarde dans la cour voisine, Monsieur Sekou a trois de ses enfants qui sont arrivé hier de la France dans le même avions que ton fils hier. Mais est-ce tu entends quelqu'un crier dans leur Cour ? Qui es-tu même ? *Katherine Ne dis pas un seul mot, elle dépose le saut d'eau qui se trouvait dans sa mains et rentre dans la chambre, son mari la suit... Vide sur la scène pendant un temps. Après sort Koni. En communication avec un correspondant.*

Koni- Allo oui j'ai vu ton message, mais t'inquiète. Tout va se régler. Tu avais dit que l'argent faisait combien ? 55000 F ok. Ce n'est pas grave. Mon frère est venu de la France. S'il se réveille du sommeil je vais le voir afin de payer ton argent. Oui Oui je sais très bien combien de fois tu m'as aidé. Mais je viens de te dire toute suite que je vais payer ton argent aujourd'hui même. Je passe le soir aux environs de 18h. *L'appel prend fin et elle appelle sa mère pour aller au marché. Celle-ci la rejoint et elles sortent. Peu de temps rentre Kalonzo et et son frère Binguiste.*

Kalonzo- Deux *chaises en main et suivi de son frère. Il place les chaises et son frère prend place. Il va chercher le petit déjeuner déjà près et placé dans la chambre. Cela est une première fois. Kalonzo compté dans le petit déjeuner de la famille. Cela doit sûrement être à cause de soont frère qui vient d'arriver de l'Europe. Il revient avec le déjeuner et les dépose. Prends place à son tour et commence à servir. Pendant qu'il sert, son frère lui pose quelques questions sur la réalité de Bigtongui.*

Binguisse- Dis-moi Kalonzo comment va Bigtongui notre pays ?

Kalonzo- Notre pays est toujours le même. Ce sont les gouvernant qui ont changé sinon le système reste toujours le même. Toujours la corruption notre première recette, le despotisme, la fuite de la jeunesse vers l'occident.

Binguisse – Parlont de la jeunesse, cela m'intéresse beaucoup. J'ai constaté ces derniers jours que la majorité des jeunes Bigtonguais part vers l'occident. Pourtant cela n'est pas la solution. L'occident est très compliqué quand tu n'as pas une situation régularisée. Cependant il est très difficile d'avoir une situation régularisée étant là-bas.

Kalonzo- Comment le comprendrons s'ils n'ont pas une bonne situation étant ici ? L'occident n'est pas la solution et la toi tu nous a laissé ici pour t'y rendre ?

Binguiste- Oui mon frère, comme on le dit bien c'est la connaissance d'une chose qui fait qu'on l'appelle par son nom. Tu le sais avec moi que j'ai accepté de partir en France surtout par la mer parce que maman nous traitait de fainéant ? Imagine un peu la période à laquelle le système d'immigration avait pris le dessus ici à Bigtongui ? Pourtant nous savons tous combien de fois c'est un voyage où les gens meurent tous les jours. Si c'était à refaire, je n'y ferai plus e. C'est la souffrance totale Kalonzo. Prendre cette voie c'est accepter d'acheter la misère avec l'argent de sa sueur.

Kalonzo- Mais une fois là-bas cette souffrance finira mon frère ?

Binguiste- Pas dans l'immédiat, tu vivras une vie honteuse là-bas au point que tu verras la faute de ta raison de venir en Europe. Cette faute qui t'a poussée à venir en Europe est celle qui devrait te retenir dans ton pays, le construire, trouver ton avenir là, et être fier. Je te répète mon frère l'occident n'est du tout pas de l'amusement. Sais-tu que lorsque je suis partie, j'ai perdu 13 ans de ma vie à ne rien faire ? A me cacher toujours des policiers ? Je te le dis bien treize années de ma vie. Je ne t'apprends rien à ce que tu saches car tu as été témoin de tout ce que je vivais. Tu te rappelles au moment je t'appelais pour t'envoyer la première voiture ? Tu penseras qu'en ce moment j'avais une bonne situation, pourtant non. Les conditions dans lesquelles j'ai envoyé cette voiture sont pénibles. J'avais tellement une pression sur moi-même en ce moment !

A cette parole, Kalonzo changea de mine. Car la voiture en question est belle bien arrivée mais il l'a revendu parce qu'il devait à quelqu'un pour avoir détourné l'argent de cette personne. Le jour son frère est arrivé, déjà l'aéroport, il lui à demander :

***Binguiste**- Comment tu vas mon frère ?*

***Kalonzo**- Je vais bien mon frère. Bonne arrivée chez toi. Je suis très content de te revoir.*

***Binguiste**- Mais et ma maman et papa ? Ils ne sont pas venus avec toi ?*

***Kalonzo**- Non. Ils ont préféré resté à la maison. Ils disent qu'ils préfèrent t'attendre à la maison. Surtout ton papa, il reste vraiment septique à tout ce qui est Europe. C'est ta mère en tout cas qui est folle de rage de te voir.*

Binguiste- *Ah mon père lui, n'a pas changé et je l'aime bien comme ça. Il a toute sa raison. L'Europe c'est n'importe quoi. Mais mon frère allons que j'aille voir mes parents surtout aussi ma Koni. la petite fille wèrèwèrè (éveillée) Allons mon frère. Ou as-tu garé la voiture ?*

Kalonzo- *La voiture Il baissa la tête, avec un air d'embrouille, dis La voiture est avec notre chauffeur. Il a tellement mis du temps que j'ai préféré venir te cherché en taxi. C'est mieux ainsi. Allons-y, il y a un taxi là. La vérité est que la voiture n'est pas venue parce qu'elle avait été vendue par Kalonzo. Et les parent n'ont jamais su que Leur fils avait envoyé une voiture car Kalonzo ne l'a jamais déclaré. Pourtant comme dit si bien le frère Binguiste, les conditions dans lesquelles cette voiture est venue de l'Europe sont difficiles et dangereuses.*

Binguisse- Mon frère je t'explique un peu comment j'ai pu envoyer cette voiture. Lorsque je suis parti en Europe, comme je te le dis, j'ai passé treize ans de ma vie à ne rien faire. Mais souvent je me cachais pour aller faire des travaux de ménage avec des faux papiers. Sais-tu combien coûte ces faux papiers ? Très chère. Lorsque tu travailles et que ton salaire fait par exemple Cent mille, le propriétaire du faut papier prend soixante-dix mille et toi tu restes avec trente mille.

Kalonzo- C'est par normal ? C'est trop comme argent. Cela veut dire que tu travailles pour lui donc. Et on m'aurait dit que ce sont des noirs même qui font cela à leur frère ?

Binguiste- Bien sûr Mon frère ce sont nos frères qui font cela. En Europe il est bien d'avoir un blanc comme ami qu'être avec un noir. Le noir c'est hypocrisie, la méchanceté, le sauve qui peut. Donc pour revenir à ma parole, pendant treize ans je gardais 20 mille à coté et je me défendais avec 10 mille. Un jour la police m'a pris avec un faut papier. Le contrôle était tellement serré ce jour que je n'ai pas échappé. Ainsi j'ai été saisi par la police. Mais Dieu merci que je suis tombé sur un policier de bonne foi ce jour. *En effet, le policier en question était une personne qui avait fait la Bigtongui. Il dit avoir gardé un bon souvenir de ce pays. Ainsi* Il m'a dit :

Policier- *Monsieur, vous êtres en état d'arrestation pour faux papier. Vous venez de porter atteinte à la loyauté de la France. Dite-moi pourquoi vous faite-cela ? Je viens ici souvent dans ce restaurant pour mon déjeuner et je vous vois très engagé au travail. Je vous connais depuis longtemps. Vous être Bigtongais n'est-ce pas ?*

Binguisse- *Oui Monsieur.*

Policier- *J'ai fait 7 ans à Bigtongui. J'ai un bon souvenir de ce pays. Les gens sont très hospitalier là-bas et c'est un pays de joie et d'ambiance. Vous être un frère pour moi. Dans la capitale. Je vais te dire une chose, tu as eu la chance d'être tombé sur un frère pour contrôle. Je peux vous oser une question ?*

Binguisse- *Oui Monsieur*

Policier- *Pourquoi la Bingtongais n'aime pas son frère Bigtonguie ?*

Binguisse- *Humm je ne sais pas trop mais c'est vraiment une réalité que nous vivons.*

Policier- *C'est vraiment décevant. Depuis vous êtres ici avez-vous subit un contrôle rigoureux de ce genre ?*

Binguisse- *Non monsieur. C'est ma toute première fois de voir cela ici. Et je suis surpris.*

Policier- *Vous ne pouvez qu'être surpris. Mais allez être encore surpris lorsque vous apprendrez que c'est africain qui est allé vous signalez pour possession de faux papier.*

Binguisse – *Mon Dieu ! Ce n'est pas croyable !*

Policier- *C'est croyable mon ami c'est croyable !!! Vous les africain vous êtres méchant les uns contre les autres. Tu vois lorsque nous sommes arrivé nous n'avons interrogé personne d'autre si ce n'est vous parce que la personne est venu au poste de police et donner votre nom ainsi que votre description. Je fuis vraiment touché. C'est pourquoi j'ai décidé de prendre le commandement pour venir moi-même. Pas pour vous arrêter mais déjouer le plan de cette personne. Donc voilà ce que je vais vous dire. Allez vite chez vous et faite tout pour déplacer les bien que vous avez chez vous sinon vous serez démuni de tout. Car vous l'avez obtenu dans l'inégalité. IL vous faut partir toute suite. Kalonzo à son frère : Je t'imagine à cet instant. Ou le policier t'interrogeait. Au Binguiste de répondre : Oui mon frère c'était vraiment un instant difficile et voir que le policier m'a portait assistance sur le champ, cela me rassurait plus. Et qu'est-ce qui s'est passé après, demande Kalonzo. Mon frère le policier m'a dit ceci :*

Policier- *Vous avez été dénoncé par l'un de vos frère noir qui travaille non loin d'ici.*
Binguisse- *Moi, mais qu'est-ce que j'ai pu faire à cette personne. Mais qui pourrait me faire cela ? Qui ?* Sur ces paroles l'esprit de Bingisse parti sur le groupe de noir qui s'asseoir non loin de son lieu de travail. Ces derniers lui avait juré de lui crée des ennuis. Ils se plaignaient

de lui parce qu'il était tenait loin d'eux. Il se rappela de cette parole qui lui dit un jour :*La réplique du noir se fait dans l'imaginaire de Binguisse*

Le noir – *Depuis ton arrivée ici, le bosse de ce lieu ne nous regarde plus. Ne t'étonne pas de te voir dans la merde un jour. Assied-toi et regarde ça se passera devant nous tous-ici.* ***Binguisse***- *Mais dite-moi, qui est cette personne ?*

Policier- *Je ne saurai te le dire mais va vite chez toi prendre ta voiture que tu as acheté pour la mettre chez un de tes amis car la police procèdera à des enquêtes sur toi. Car celui qui vous dénoncé l'a fait avec sincérité. Car il t'a dénoncé en tout et pour tout. Donc va vite afin que tu déjoue son plan de destruction.*

Kalonzo- *Wahooo ce policier est plus qu'un ange.*

Binguisse- *Il est vraiment un homme bien. C'est ce que je ne cesse de dire les blancs sont des personne très humanistes. Ils sont altruistes et très hospitalier. Les africain ne pensent qu'aux passé pour dénigrer les blanc. Toujours à regarder le temps de la colonisation pour les blâmer. Mon frère c'est ainsi que j'ai pris mon sac pour chez moi. Une fois là-bas je pris la clef de ma voiture et je me rendis est Espagne*

Kalonzo- Mais pourquoi ce pays.

Binguiste- *C'était le seul issu. Un jour quelqu'un m'avait dit que de l'Espagne on pouvait conduire une voiture pour venir en Bigtonguie. C'est ainsi que j'ai conduit toute la nuit jusqu'à là-bas. Je suis allé voir des trafiquants pour qu'il me fasse passe la voiture jusqu'au Mali. Ces derniers m'ont pris 3000 Euro.*

Kalonzo- *Ha oui je comprends maintenant. C'est pourquoi quand ils sont arrivés, ils m'ont dit d'aller chercher la voiture là-bas au Mali. Mais ce sont des durs. Lorsque je l'ai ai vu...*

Binguistes- *Non ceux-là, tu ne peux pas les voir. Celui avec qui tu as pris la voiture n'est pas celui qui l'a conduit jusqu'au Mali. Ce sont des trafiquants donc leur identité reste toujours cachée.*

Kalonzo- *Ha oui ce sont des hommes puissants.*

Binguisse – *Tu vois comment j'ai souffert pour t'envoyer cette voiture ? Il y a même d'autre chose que je ne pourrai pas te dire car j'ai même couché avec une policière qui voulait de moi depuis longtemps. Quand elle a su que j'étais dans les problèmes, elle a décidé d'abuser de ma faiblesse en ce moment pour coucher avec-moi afin que je puisse passer la frontière.*

J'étais en auto défense. Il fallait que je fasse cette nuit car j'avais déjà déboursé assez d'argent pour laisser tomber cette affaire.

Kalonzo- *Mon frère laissons tomber cette histoire, tu es là maintenant c'est l'essentiel. Prenons notre petit déjeuner et allons visiter les voisins.*

Ils se mettent donc à manger…

SCENE 3- atrocité

Au lever du rideau, MamanSalia est assise pensive. Après viendra Binguisse et Kalonzo pour saluer la famille Salia. Une longue causerie s'engagera entre eux.

MamanSalia- *assise la main sous le menton.- Mais à quoi peut-elle être en train de penser actuellement ? Aux efforts de son fils Salia quand il était encore ici. Elle se rappelle quand le jeune faisait tout pour elle. Mais comme on le dit, le bonheur, on ne l'apprécie que lorsqu'on l'a perdu. Aujourd'hui elle doit à une femme qui pourra venir d'un moment à l'autre. Elle ne sait où trouver cette somme. Or dans le passé, Salia par ces efforts lui avait tiré d'affaire dans une situation semblable à celle d'aujourd'hui. Salia avait pu rembourser son crédit de 50.0000f en moins d'une semaine à compter du jour qu'elle lui en avait parlé. Mais voilà qu'aujourd'hui elle ne sait où trouver l'argent pour rembourser son crédit de tontine. Pendant qu'elle était assise, Kalonzo et son frère entra pour lui rendre visite.*

Kalonzo- Bonjour MamanSalia

MamanSalia- Bonjour mon fils, *Elle jette un regard fort sur le frère de Kalonzo qui était superbement habillé-* comment vas-tu ?

Kalonzo- Bien maman

MamaSalia- Dieu merci. Comment va ta maman et ton papa ?

Kalonzo- Ils vont bien MamanSalia.

MamanSalia- Dieu merci. Mais que me vaut l'honneur de votre visite ?

Kalonzo- *Regardant son frère en parlant-* Rien de grave maman. Comme Binguisse est arrivé hier de l'Europe, il vient donc vous saluer.

MamanSalia- Ah c'est Binguisse. Wo wo wo attends mon fils que je te regarde. Mais tu as changé. Regarde comme il est bien habillé. Mon fils bon arrivé. Attend je pars chercher des chaises pour que vous vous asseyez. Wooooooo notre fils est arrivé hoooo notre fils est arrivé !!! *Elle court pour chercher des chaises.*

Binguisse – *A Kalonzo-* Mais c'est la mère de mon ami Salia ça, mais elle changé. Elle ne se portait pas bien ?

Kalonzo- Non, elle va bien.

Binguisse- Qu'est-ce qu'elle a ? Elle a beaucoup maigrir. Quand je quittais ici c'était une femme grosse et très belle. Mais regarde comme elle a maigris mon Dieu.

Kalonzo- Attends, je t'expliquerai.

MamanSalia- Mes enfants voici les chaises. Asseyez-vous.

Kalonzo et Binguisse prennent place. MamanSalia ne cesse de s'exclamer. Mon fils encore une fois bonne arrivée. Tenez, buvez de l'eau. Kalonzo toi tu bois ça *(l'eau de la barrique) et toi Binguisse* toi tu boiras ça (l'eau embouteillée) Tu sais Kalonzo, eux, ils ne sont pas habitués à nos eau d'ici.

Binguisse- *en souriant* Pourquoi pas maman ?

MamanSalia- On vous connait bien !!!! On dit quoi ? Comment s'est passé ton voyage bien j'espère ?

Binguisse – Oui MamanSalia mon voyage s'est bien passé. Et toi maman Comment vas-tu?

MamanSalia- Eh mon fils, c'est la même ici. Tu sais que le Bigtongui ne changera jamais. La situation reste toujours la même et je dirai même qu'elle va de mal en pire. Mais s'il y a la santé on remercie Dieu.

Kalonzo- Maman, où est passé Salia ?

A cette question, MamanSalia baissa la tête.

Binguisse- Le petit Salia, le jeune courageux, toujours à la tâche pour ses parents. Oh Salia !!! Cet enfant m'a marqué avant mon départ. Je rappelle quand je lui ai dit que je devrais aller en Europe par la voie de la mer. Il m'a dire une phrase que je ne vais jamais oublier. Il m'a dit ceci. « Mon frère tu vas économiser deux million cinq cent pour mettre ta vie en danger ? Qui s'occupera de tes parents à ton absence ? Partir en Europe est devenu le seul recours de la jeunesse Bigtongaise pourtant elle ne devrait pas car l'argent qu'il prenne pour aller à ce voyage est ce qu'il devrait prendre pour construire leur avenir ici » Mais comme en ce moment nous étions tellement envouté à partir je ne l'ai pas écouté. Vraiment Salia m'a marqué. *A maman Salia* Il est partie à l'école ? Maman, maman

MamanSalia- *Toujours pensive- Hum hum* oui oui il est sorti. Il sera là d'un moment à l'autre. Mais dis-moi mon fils comment s'est passé ton voyage lorsque tu partais.

Binguiste- Hummm maman, c'était vraiment un voyage très compliqué. J'ai failli perdre ma vie. J'ai quitté le Bigtonguie avec 10 autres personnes mais nous n'étions que 3 quand on arrivait au pays des blancs. Lorsque nous sommes arrivés en Lybie, nous avons été traités comme des esclaves. En plein désert, nous avons été arrêtés par un groupe armé. Ils nous ont pris tout ce qu'on avait sur nous. Le chauffeur qui nous conduisait, savait très bien que là où nous étions arrêtés, les délinquants viendront nous prendre. Mais c'était le seul passage. Partout sur tout le désert ils y sont. Donc aux voyageurs de faire face. Et ne sort vivant celui qui aura accepté toute les maltraitances de ces hommes armés. Lorsqu'ils sont venus ils ont dit :

L'homme armé- *Nous remercions Dieu de vous avoir conduit à nous cette nuit veuillez aussi remercier Dieu car nous sommes les plus gentilles des passeurs sur le désert. Descendez toute suite et veuillez les mains sur la tête. Et couchez-vous. (A son coéquipier) fouillez les jusqu'au cul et qu'ils soient dévalisé de tout ce qui pourrait fait d'eux des hommes.*

L'homme armé- *(parlant au chauffeur) Combien tu nous amène ce soir ? J'espère qu'ils sont nombreux car tu me dois depuis un temps.*

Chauffeur- *Oui aujourd'hui les fils de Cham sont nombreux. Et je vais te les vendre à des prix très acceptables.*

L'homme armé- *A combien tu me les ferras ?*

Chauffeur – *Bon je te les ferai à 60000 dinar*

L'homme armé- *Il fait jour dans peu de temps donc traitons vite le marché. Laisse-les à 30000*

Chauffeur- Tu sais ceux-là vienne directement de Bigtongui et c'est sûr que leur sac sont riches. Donc donne-moi 50000 dinar par et on se laisse et tu vas te rattraper en les fouillant et puis tu sais aussi qu'en les sanctionnant individuellement tu pourras prendre assez avec leur parents.

L'homme en arme- *Oui c'est vrai. Donc on laisse à 50000 f. Tiens (*Il compte l'argent et met dans la main du chauffeur)

L'homme armé- *Les fils de cham- descendez les mains sur la tête.* Nous sommes descendus

Un l'homme armé- *Cou chez-vous, (un pirate à a la seule jeune fille qui était dans notre groupe) Toi t'es une fille et tu t'hasarde à suivre ces hommes. Il ne t'on pas baisé sur la route je pense ?*

La jeune fille- *Pardonnez monsieur pardonnez*

L'homme armé- *Demoiselle, moi comprend pas français. Passe devant moi car tu subiras une un autre traitement différent de celui des hommes car tu es différent d'eux. Viens avec moi. Rentre dans cette voiture. A ces autres coéquipiers, si vous finissez de les dévaliser vous les envoyez à la base pour qu'ils sachent un peu qu'ils ont fait l'erreur de passer par notre pays. Et surtout ne leur fait pas de cadeau. Moi je vais envoyer cette pute chez le chef pour plus de confort* (il rit et tape la jeune fille sur ces fesses et la pousse dans la voiture. Nous qui étions couché là, ils nous ont tout pris. Et ont même commencé à nous frapper. Parmi nous il y avait un jeune homme qui venait aussi de la Bigtonguie comme moi. Il fut tue à bout portant car il a résisté à ces hommes armés parce qu'ils avait vu le chauffeur en train de nous vendre. Il a donc donné une paire de gifle au chauffeur lorsque celui-ci était arrivé à son niveau. Il s'est pris une balle dans la tête devant nous tous. Après cela il nous ont mis dans une voiture de type 4x4 et sont partir avec nous.

MamaSalia- Mon Dieu, c'est dans ça nous avons envoyé l'enfant des gens ?

Kalonzo- Qu'elle enfant ?

MamanSalia- Non non mon fils je parle des enfants qui vont sur cette voie. Vas-y mon fils vas-y explique moi le reste explique moi *elle parlait avec une voix tremblante déjà car elle venait de comprendre cette erreur d'envoyer son fils à en Europe sur la voie de la mer.*

Binguisse- Lorsqu'ils nous ont amené dans leur base, nous avons trouvé plusieurs autres africains là-bas. Rien qu'à voir ces africains on déduisait déjà qu'ils étaient maltraités. Certains était couché, d'autres était attaché chaine au pied. Déjà à la rentrée, on entendait la voix d'une jeune fille crier à gorge ouverte. Lorsque je me suis renseigné, on m'avait savoir que c'était Mami la jeune fille avec nous étions depuis notre départ ici. Elle était en train d'être violé à tour de rôle dans une maison. Lorsque nous somme arrivé, il nous fait rentrer dans une grande salle ou était ligotée Mami, pendu comme à l'animal. Déshabillé à poil. Et devant nous, ils la violaient.

Mami- *Je vous en prie je n'en peux plus, je suis fatigué.* Cette parole, elle le disait à la septième personne qui s'apprêtait à monter sur elle. Celui-ci dit avoir pitié d'elle en la pénétrant avec ses doit et frottant à plusieurs reprise. Peu de temps après, elle éjacula avec cris ; pas de plaisir mais de douleur. Lorsque ce dernier parti, un autre vint la récupéra se coucha sur elle à nouveau et commença à coucher avec elle. Et dans le même temps un autre la frappais fort je dis bien très fort sur ses cuisse. A peine celui qui couchait avec elle se leva sur elle, Mami perdit connaissance. Pour la réanimer, celui qui la tapait commença à la gifler encore fort sur ces seins. Ils ont fait près de 30 minute à la taper afin qu'elle réponde, elle n'a pas pu.

MamanSalia- Elle était morte j'en suis sûr ?

Binguisse- Non pas encore. Le pire ne lui avait pas encore été affligé.

L'homme en arme- *Si elle ne se réveille pas prenez là et allez la jeter dans la mer son corps servira de nourriture aux poissons.*

MamanSalia- Mais qu'est-ce qu'elle a puis faire pour mériter un tel sort ?

Binguisse- On nous dit qu'elle avait essayé de résister aux chefs des hommes armés et elle avait même blessé ce dernier lorsque celui-ci avait tenté de coucher avec elle. C'est ainsi que ce dernier avait donné l'ordre de la maltraiter jusqu'à mort. Nous étions assis à regarder la scène tragique, un homme parmi nous se leva et dis d'une voie forte : *PRENEZ MOI A SA PLACE ? MALTRAITEZ-MOI MAIS LAISSEZ LA ESSOUFLER UN PEU.* Les hommes armés sans se poser de question, assomma ce monsieur avec un gros morceau de bois qui avait la forme d'un pilon. Ils lui ont brisé la tête.

A cette parole Mamansalia attrapa sa tête et laissa un cri.

Binguisse- A cause de lui, ils ont pris du feu sur le bout d'un fer qu'ils collaient à la peau de Mami. Elle bougea et il recommença encore à coucher avec elle à tour de rôle.

Kalonzo- Mais ces personnes étaient-ils des hommes ? Ont-elles une âme en eux mon Dieu ?

Binguisse- Telle était la question que nous aussi on se posait. Arrivé à un certain moment, Mami commença à couler du sang par le sexe. C'est ainsi qu'ils ont arrêté. C'est ainsi qu'un parmi eux dit :

L'homme armé- *Nous ne te laissons pas parce que tu es fatiguée ou à cause de tes petits cris, mais parce que tu saigne et nous ne voulons pas être salle de par ton sang d'esclave. Donc tu vas essouffler un peu. Après nous allons reprendre la sanction.*

Binguisse- Ils la détachaient et elle tomba. Et eux tous sorti pour nous laisser avec elle. La première personne qu'elle a appelé c'était moi.

Mami - *Binguisse, Binguisse, écoute moi, je ne pourrai plus vivre d'ici demain, si tu peux approche-toi de moi. Viens je t'en prie. J'ai à te parler.* Je m'approchai d'elle, je lui enlevai la corde entre ses jambes et sa bouche, je lui détachai les mains et les pieds. Et elle me dit

Mami- *Un peu d'eau, je t'en prie un peu d'eau, je t'en supplie, ma gorge est sèche.*

Binguisse- *Ou allons-nous trouver de l'eau ici ?*

Un homme armé- *Avec moi.* L'un d'entre eux venait à notre aide en pleurant. Il dit avoir être avec eux non pas pour faire du mal mais pour aider les gens. *Tiens de l'eau et donne la lui afin qu'elle étanche sa soif. Attend laisse-moi la voir, je suis médecin de formation. J'ai perdu mon travail lors de la révolution contre Kadhafi.* Il toucha la jeune fille Mami mais ne pouvait rien encore. Son cops était raide. Mais arrivait cas même à respirer un peu.

L'homme armé- *Elle est très épuisée. Elle a perdu assez d'eau dans le corps et même assez de sang.*

Binguisse- *Il nous faut l'envoyer à l'hôpital sinon elles ont l'a perdra.*

Mami- *Même sans cela je ne pourrai pas vivre Binguisse et je ne voudrais plus vivre. Car l'essentiel en moi a été pris. A quoi me servira encore de vivre Binguisse ? Je ne sans plus rien entre mes jambe, je ne sens plus mon organe génital, je ne sans plus mon sexe Bingisse il est paralysé par abus il ne servira plus.*

Binguisse- *Non ne dis pas cela Mami ne dis pas cela. Tu sortiras vivante.*

Mami- *Ecoute-moi Binguisse, écoute-moi, je sais que tu arriveras à destination et quel que soit les difficultés tu te retourneras sain et sauf. A ton retour dans notre pays, chercher à voir mon enfant et dis-lui que je suis morte pour elle.*

L'homme en arme- *Je cours vite chercher une voiture en de manière clandestine je la sortirai d'ici pour l'envoyez à l'hôpital.*

Binguisse- *L'hôpital est loin d'ici ?*

Actuellement nous sommes dans un petit village de Tripoli, l'hôpital le plus proche est à 45 Km de cette ville. Attendez moi, et à chaque 15 min donner lui de l'eau à boire. Nos hommes ne viendront plus cette nuit ici encore. Je ferai tout pour vous sortir d'ici.

L'homme armé sort...

Lorsque l'homme armé est allé, je pris la tête de Mami et je la posai sur ma cuisse. Et mis mon dos au mur. Les autres qui étaient assis coulaient des larmes. Moi-même je ne pouvais me retenir. A chaque fois je lui donnais de l'eau à boire. Je la tapotais pour la réconforter et lui remonter le moral. Après un petit sommeil qu'elle avait eu, elle se réveilla avec le nom de sa fille à la bouche.

Mami- *Myriam Myriam. Tu ne me réponds pas hein. Tu ne me réponds pas hein. Je ne pourrai plus t'appeler ainsi. C'est à toi maintenant d'appeler et je ne répondrai plus jamais.*
Je lui demandai

Binguisse- *Qui est Myriam, dis le moi*

Mami- *Myriam est ma fille et n'a que trois ans. Le jour où je quittais le Bigtongui, elle dormait. Je l'ai beau appelé elle ne m'a pas répondu. Elle ne savait pas que c'était m'a dernière fois de l'appeler. Binguisse à ton retour à Bigtongui, vas dans la capitale, plus précisément dans le secteur populaire non loin de la voie principale juste aux grands carrefours, tu fais face à l'étage du fils du ministre bigtonguais juste à côté, tu verras une maison c'est là qu'habite Ma fille. Dis-lui de me pardonner, dis-lui que si je suis morte c'est pour sa cause. Donne-moi de l'eau à boire.* Je lui donna la gourde d'eau et elle but deux grosses gorgées et commença encore à s'endormir. Après près de 10 minutes elle se réveilla et commença à nous narrer son histoire.

Mami- *Deuxième enfant d'une famille de deux personnes, j'étais une grande commerçante. Je ne manquais de rien. Mes amis et plusieurs autres dans mon quartier m'enviaient. Avec l'avènement de la migration clandestine, mes parents ont vu que ce que je gagnais n'était pas de l'argents. Qu'il fallait que je parte en Europe non pas pour moi-même mais pour eux. Parce que dans le quartier, toutes les familles avaient au moins un enfant en Europe. Donc l'argent que je leur donnais, n'était plus de l'argent. Il leur fallait pour l'Europe afin qu'ils sachent que je suis leur fille. Mais me voici-là aujourd'hui, loin d'eux, sans vie, après avoir être violé par plus dix personnes et à plusieurs reprise.* Elle commença à tousser, Binguisse lui donna un peu d'eau encore et elle continue.

La seule chose qui m'inquiète est ma fille, elle connaitra jamais sa mère battante. Je ne voulais rien lui apprendre si ce n'est mon courage et ma force de faire le commerce. Elle n'a que trois ans, et son père n'est plus en vie. Que va-t-elle devenir ? Avec mes parents, ça ne sera rien d'autre que les injures à l'égard d'elle chaque jour, des sanctions... Donne-moi un peu d'eau Binguisse.

Binguisse- Je lui donnai de l'eau et lui dit : Mami, arrête de parler comme ça. Repose-toi. Il faut te reposer. Je ne pouvais retenir mes larmes ainsi que les autres qui étaient dans notre salle de détention. Mami continuait à perdre du sang. Elle saignait toujours. Et ses yeux commençaient à devenir tout blancs. Elle perdait rapidement ses forces. Sa paume était pâle et malgré l'eau qu'elle buvait, sa bouche était toujours sèche, à peine même si elle arrivait encore à décoller ses lèvre l'une sur l'autre. Elle me dit :

Mami- *Fais-moi coucher un peu sur mon côte je suis fatiguée. J'ai très mal au ventre. Mon ventre. Le repos dont tu parles, viendra dans peu de temps et sera éternel mon jeune frère. N'oublie surtout pas ma fille. Promets-le moi que tu iras la chercher je t'en supplie.*

Binguisse- *Je te le promets.*

Mami- *Merci beaucoup. Dis-lui que je l'aime.*

Binguisse-Je lui serrai les mains et elle ne faisait plus de mouvement. Je su qu'elle venait de la perdre. Je signalai cela aux autres qui assistaient. Et ceux-ci s'approcha de moi. On l'arrangea et on mi un pagne sur elle pour la couvrir. A peine nous avions fini que l'homme en arme vint avec la voiture. Il court pour entrer dans notre salle de détention.

L'homme en arme- *Je suis là, je suis là, Nous allons l'amener maintenant. Dieu m'a permis d'avoi r une voiture. Levez-vous pour m'aider à la prendre pour l'amener dans la voiture.* Nous étions assis, tête baissée, sans mot. Un parmi nous dit alors :

Un migrant- *Elle nous a laissé.* L'homme en arme resta figé pendant un moment et commença à couler les larmes. Enleva son arme dans son dos (ce qui est interdit) et s'assis par terre. Tous dans la salle, pleuraient. Bien que nous ne connaissions pas Mami, sa mort tragique nous a tous affecté.

Un migrant – *Qu'allons- nous faire maintenant ? Un mort sous la main, nous sommes tous faible par les coups de matraque et d'arme. Nous sommes ici depuis hier sans nourriture. Qu'allons faire maintenant ?*

L'homme en arme- *Je vous ferai sortir d'ici, Même si votre camarade ne vit plus, elle saura vous sortir d'ici. Prenez-là. Nous irons l'enterrer. Et là vous irez tous vers le nord de tripoli ou quelqu'un vous aidera à trouver un bateau.*

Binguisse- C'est ainsi que grâce au corps de Mami, nous avions pu traverser les frontières dangereuses des hommes armés pour arriver à la mer. L'homme armé a emporté avec lui le corps de Mami et moi avec deux autres sommes montés dans une autre voiture pour aller sur la voie de la mer. Comment Mami fut enterrée ?

MamanSalia-Mais comment elle a été enterré ?

Binguisse- Nous n'en savons rien, mais avec la fois en cet homme qui avait son corps nous espérons qu'elle sera bien enterré. C'était vraiment un passage compliqué pour nous.

Kalonzo- Pourtant j'aurais appris encore que sur la mer, c'est encore compliqué ?

Binguisse- Là-bas, Chacun a son destin. Nous sommes emportés dans un bateau gonflable, avec un moteur. Je ne vous dirais pas encore combien nous payons pour cela.

MamanSalia- Dis-le s'il te plait, dis-le nous ? J'en ai besoin

Binguisse- Nous payons la somme de cinq cent mille par tête avant de monter. Nous ne montons avec rien sur nous. Même ta propre bague sur la main on te demande de l'enlever. Nous étions plus 50 personnes dans le bateau. Après deux jours de rame sur la mère, nous avons encore croisé des groupes armés. Cagoulés. De loin, nous pensions qu'ils nous aideraient. Mais non. Lorsqu'ils ont su que nous étions des migrants ils ont tiré sur notre bateau gonflable. Nous avons donc commencé à paniquer. Notre bateau a été touché par une balle et nous voilà dans un naufrage. Nous avons tous croulé et maintenant, c'était du sauve qui peut. Dans notre convoi, il y avait une femme avec son bébé de trois ans. Elle faisait tout pour sauver son enfant pendant qu'elle-même se noyait. Bien que je ne savais pas nager j'aidais la dame à s'accrocher à moi et au reste du bateau. Nous avions mis l'enfant sur notre tête jusqu'à ce que les hommes viennent nous aider à cause de l'enfant. Ceux-ci, après avoir tiré sur notre bateau, sont partis et c'est après deux heures qu'un autre groupe est venu nous aider. Nous n'étions que trois dans les cinquante personnes montées à bord du bateau. Il ne restait que moi, la jeune dame, un homme et l'enfant. Les autres avaient été noyés et d'autre même avaient pris des balles. C'est après tout ce remue-ménage que nous avons été sauvé par les hommes de la crois rouge pour nous embarqués jusqu'en Italie. Voilà comment nous avons souffert Mamansalia avant d'arriver. Si c'était à refaire, je n'accepterais pas de faire partie de de groupe de voyageur encore. Même mon ennemie, je ne lui dirai pas d'aller en Europe sur cette voie. *Pendant qu'il parlait, MamanSalia, ne pouvait se retenir en larme. Elle imaginait déjà le sort de son fils actuellement.*

Binguisse- Ne pleure pas. Si aujourd'hui ton fils est là sain et sauf, disons Dieu merci. Je pense que nous allons demander à partir. Il nous faut aller saluer les autres voisins. La seule chose que je vous demanderai c'est ne jamais accepté que ton fils aille en Europe par cette voie et remercie Dieu qu'il te comble ici déjà et voilà que tu ne manques de rien.

MamanSalia- Merci bien à vous mes enfants. Merci beaucoup. Et encore une fois bonne arrivée à toi. Saluez votre maman de ma part et n'oublié pas de lui dire de passer me voir souvent.

Kalonzo- C'est compris maman. *Ils sortent…*

MamanSalia- *Seule-* Mon fils mon fils Salia, mon fils Salia Saliaaaaaaoooooo *elle sort …*

SCENE 4- La famille KATHERINE

Au lever du Rideau, toute la famille Katherine est réunie. Elle vienne de partager un plat. Leur papa rentre en vitesse et les trouve. Refuse de manger et commence une réunion familiale.

Katherine- Mon fils j'espère que tu as bien aimée le plat ?

Binguisse- Oui maman surtout que ça faisait longtemps que j'avais mangé le foutou à la sauce graine. Mais dis-moi maman. Comment tu fais pour avoir toujours la main à la cuisine comme ça ?

Katherine- Ah mon fils, tu as vraiment le sens de la galanterie depuis que tu es quitté au pays des blancs.

Binguisse- Non toi aussi maman, je l'ai toujours été, la galanterie fait partie de mes qualité depuis que je suis ici. Mais je ne sens pas trop bien ma sœur depuis mon arrivée. Elle est devenue trop calme.

Katherine- Prrrrrrrrrr mon fils parle d'autre chose. Celle-là n'est pas une fierté pour nous. Elle a gâté notre nom. Prrrrrrrrrrr

Binguisse- Mais qu'est-ce à dire ? Qu'est-ce qui se passe ? Il y a-t-il un problème ?

Kalonzo- Humm, ta sœur es enceinte mon frère !

Binguisse- Quoi ? Comment ça ?

Koni- *Baisse la tête et feigne de nettoyer ses ongles (signe de honte)*

Binguisse- C'est vrai ça ? Tu es enceinte ? Tu as pu me faire cela ? Après tous ces investissements que j'ai pu faire pour toi ?

Kalonzo – Vraiment elle nous a tous déçu. Et figure-toi avec qui elle a fait cet enfant

Koni- Il ne te l'a pas demandé donc attend un peu qu'on te pose une question. Ok. Tu aimes trop parler dans l'affaire des gens.

Binguisse- Mais à qui tu parles comme ça ? A un ainé ?

Kalonzo- Non mon grand frère laisse, c'est comme ça qu'on vit ici. À chaque fois que Koni me parles comme cela, maman la défends. Donc laisse tomber. Maman a toujours montré ici que moi Kalonzo je n'ai pas mon mot dire c'est pour cela Koni aussi ne me laisse pas mon titre d'ainé. Mais Moi je ne dirai rien. Qu'elle me parle comme elle veut. Koni est devenu impolie. Même devant papa Koni ose souvent s'arrêter pour dire ce qu'elle veut.

Koni- Pardon Kalonzo, pardon !!!

Binguisse- Mais maman toi tu vois là comment notre petite sœur est devenue. Tout cela se passe devant toi ici et tu ne dis rien. Mais ce n'est pas croyable. *Katherine ramasse quelques assiettes et sort avant de revenir. Entre GrainInfo tout furieux. Il s'assoit et appelle Koni.*

GrainInfo- Koni , Koni

Koni- Oui papa j'arrive

GrainInfo- Dis à ta maman de venir. Car il faut qu'on parle.

Kalonzo qui voulais quitter la chambre revient sur ses pas et s'assoit, de même aussi pour Katherine et sa fille Koni.

GrainInfo- Merci beaucoup à vous de votre présence. Je commence par toi Binguisse. Tu t'imagines un peu dans quelle situation tu as quitté ton pays pour aller au pays des blancs ? Tu n'as jamais été pu envoyer il ne se reste qu'une culière à ta mère ou encore à moi encore moins à ton frère et ta sœurs. Ta mère se vente toujours ici devant les gens disant que son fils est en Europe. Tel que tu es parti pour nous dans une situation railleuse, c'est dans cette même situation que tu reviens nous trouver. Dis-nous qu'est-ce que tu as fait avec tes 17 ans en Europe ? Dis-le nous. Car nous ne comprenons rien depuis ton arrivée.

Binguisse- Merci bien papa. Cette question me plait bien. Avant je voudrais aussi te dire que je suis surpris de vous voir encore dans une situation pareille. Mais comme le dit « quand la tête est là, le genou ne porte pas le chapeau », je vais laisser Kalonzo m'expliqué un peu ce qu'il en est de mes 17 ans en Europe. Car il sait qu'il a quelque chose à nous dire.

GrainInfo- Mon fils, arrête-mois ces choses et dis moi quelque chose.

Binguisse- Ok. C'est compris. Papa. Lorsque j'étais en Europe, et que la situation a commencé à être bonne pour moi, j'envoyais chaque fois de l'argent à Kalonzo afin qu'il vous le donne. J'ai même envoyé une voiture pour qu'il fasse de cela un taxi qui vous rapportera de l'argent pour le prix de popote. J'ai même acheté une cours déjà construite à plus de 30 millions. Mais comme je voulais vous faire la surprise, c'est pour cela j'ai préféré attendre que si je venais j'allais vous le dire et nous irons déménager là-bas. *En ce moment, la mine de Kalonzo ne semble pas heureuse. Il a la tête baissée, il semble que les biens déclarés* n'ont pas été réalisé.

Binguisse- Mais quelque chose que je ne comprends pas. La maison oui, mais il ne devrait pas nous cacher pour la voiture car cette voiture était venu pour qu'on fasse de cela notre gagne-pain. Mais nous ne l'avons jamais su ni dans ses actes ni dans ces dires. Quelque chose ne va pas mon fils Binguisse, es-tu sûr que ton frère a toujours la voiture dont tu parles ?

Binguisse- Mais pourquoi pas ? Kalonzo mais dis quelque chose non, nous sommes au grand jour maintenant. Il faut qu'on montre à la famille qu'elle ne pas laisser aller en Europe pour rien.

Kalonzo- La voiture a été vendu.

Binguisse- Quoi ?

Katherine- Hehi !!!!

Koni- Hummmmmmm

GrainInfo- Cela ne m'étonne pas. Car c'est lui Kalonzo. Kalonzo l'homme qui ne m'a jamais surpris dans ses actes. Merci de nous l'avoir avoué.

Binguisse- Quoi ? Papa et tu penses que cela restera impunie ? Hummm

GrainInfo- Non mon fils, il s'agit de Kalonzo ne l'oublie pas. Celui grâce à qui j'ai fait la prisons et j'ai même perdu mon travail parce qu'il m'avait volé sept cent mille, l'argent de ma société. Cela est nouveau pour vous mais ancien pour moi.

Binguisse- Kalonzo, je t'en prie, dis-moi que c'est faux, que la voiture que j'ai envoyé n'a pas été vendue. Je t'ai bien dit combien de fois j'ai souffert pour cette voiture. Dis-moi que c'est faux. Cette voiture ne peut pas être vendue. Papa il faut que Kalonzo fasse sortie la voiture au risque de se voir derrière les barreaux. Sait-il combien de fois j'ai souffert pour avoir cette voiture ? *En pleurant, il explique.* Lorsque j'ai commencé à travailler, je faisais le ménage chez une vielle femme française, qui vivait seule dans sa suite. J'étais tellement gentille avec elle qu'elle avait finir par tomber amoureuse de moi. J'ai refusé ses avances car je me disais qu'elle était âgée que moi. Mais un jour :

La vielle française- *Mais négros, je ne comprends pas une chose. Tu as une situation aussi compliquée que les règles douloureuse d'une femme et je te propose de sortir avec moi et tu refuses !*

Binguisse- *Oui madame. Vous savez vous êtres pour moi une maman ici en France. Vous avez beaucoup fait pour moi.*

***La vielle blanche** :* S'approchant de Binguisse – *Mais autre femme l'aurait fait surtout avec ces muscles* –Elle tente de toucher Binguisse en lui caressant la main et la poitrine. Celui-ci fit un pas en arrière. Elle ajoute – *Ou bien n'es-tu pas un homme, tu n'as pas de couille on dirait. On m'a dit que les hommes africain on des dick bien colosse. Vient me montrer négros.*

Binguisse- *Non madame. J'ai certes des couilles mais il n'est pas fait pour vous vu notre relation de mère et fils.*

La vielle blanche- *Mon cuit, c'est ta mère depuis combien de temps je te demande de me baiser et toi tu me parles de maman. C'est moi ta mère ? Ta putain de mère tu l'as laissé chez toi au pays Moi je veux être ton aman un point c'est tout.*

Binguisse- *Madame chez nous toutes les femmes sont nos mamans quand elles valent déjà leur âge. Et une mère est sacrée pour nous.*

La vielle Blanche- *Vous les noirs vous avez de ses pensées stupides. Que faites-vous avec l'amour charnel que nous les vielle blanches portons pour vous.*

Binguisse- *Pour notre dignité, nous le transformons en amour parental.*

La vielle blanche- *Merde !!! Négros aller je veux un seulement, couche avec moi cette nuit seulement car j'ai fortement envie et envie de toi.* Elle tente de s'approcher encore de binguisse. Mais cette fois ci, le jeune homme ne fait pas de pas arrière. Il le prend par le bras et la serre contre sa poitrine. Cela fit du bien à la vielle et elle commença à le caresser et le jeune homme l'arrêta vite. La souleva et l'envoya dans la chambre. En ce moment la vielle se disait qu'elle avait réussi à embobiner le jeune homme. Arrivé en chambre, le jeune homme la fit coucher calmement sur son lit. Et lui dit :

Binguisse- *Vous avez besoin de repos. Couchez-vous un peu ça vous fera du bien. Moi je vais terminer mon ménage et rentrer chez moi.*

La vielle femme- *Et si je te proposais de sortir avec moi en échange de papier ? Tu couches avec moi, et en retour tu deviens citoyen français. Et tu commenceras à travailler librement et tu gagneras de l'argent pour tes pauvres parents en Afrique.*

Binguisse- *Mais que faites-vous de ma dignité alors ?*

La vielle blanche- *Toute dignité qui ne t'enlève pas dans la misère est une méchanceté contre ta propre personne. Regardes-toi comme tu souffres. Toi un si bel homme.*

Binguisse- *Dormez un peu, cela vous fera du bien.* C'est ainsi je suis sorti la laissant dans la chambre. Arrêté devant sa porte pendant au moins cinq minute, je l'entendais dire :

La vielle blanche : *Mais ce négros n'est pas comme les autres. Il refuse de me baiser le cuit même en échange d'une carte de séjour. Je n'arrive pas à le croire. Il est vraiment un homme bien ce jeune homme. Je crois que je vais me maintenir. Mais je l'aime tant !!!!* Lorsque je su qu'elle s'était couché, je quitté donc devant sa chambre pour terminer mon ménage. Avant d'entrer à la maison. Le lendemain je l'appelais sur son téléphone mais elle ne répondit pas. Elle m'a envoyé un message me disant qu'elle va bien mais quelle avait besoins du temps car elle savait qu'elle m'avait parlé mal. Nous fûmes donc une semaine sans nouvel. C'est ainsi qu'en fin de semaine, un dimanche, elle m'appela et me dit de me rendre chez elle qu'elle a à me parler. Je pris donc une TGV pour me rendre chez elle. A mon arrivée, sa maison était vide. Elle avait arrangé tous bagages. Et était assis à m'attendre. Une fois dans la chambre elle se leva et me donna dos. Je pouvais voir sa forme à travers la belle robe qu'elle avait portée ce jour. Elle commença donc à me parler.

Binguisse- *Bonjour madame.*

La vielle blanche- *Bonjour négros comme tu le constate, je quitte la France ce matin même pour une destination que je ne te dirai pas. J'irai loin d'ici car la France n'est pas faite pour moi. Je ne serai jamais heureux ici en France. Mais je tenais déjà à te dire merci pour la joie que tu as mise dans mon cœur ces derniers jours avec tes histoires drôles. Je ne saurai te payer pour ce que tu as fait pour moi. Aussi il faut que je te dise quelque chose. L'africain n'est pas ce qu'on nous faire croire. Ta dignité et ta fierté m'ont enseigné beaucoup de chose. Je t'ai proposé de coucher avec moi en échange de papier et d'argent, tu as su bien me refuser en me donnant une leçon de vie sur la femme âgée pour un africain. Pour te remercier, j'ai appelé un régisseur qui te trouvera ta carte de séjour à validité permanente. Aussi puisque je quitte définitivement la France pour le continent des sangs versés, je te laisse ma voiture en signe de notre amitié. Tu l'utiliseras comme taxi pour gagner ta vie. Tu sais, je ne suis pas aussi riche comme les autres sinon je t'aurais laissé mes bien économiques. Mais ce n'est pas grave. J'ai confiance en toi et je sais que tu pourras gagner ton pain avec la voiture que je t'ai laissé.* Voilà comment j'ai gagné ma voiture. Pas avec la sueur de mes fesses mais avec celle de ma bonne moralité. Et tu oses me dire que tu as vendu cette voiture. Et sans même m'avertir Kalonzo !!! Pourquoi ? Pourquoi tu m'as fait cela. Maintenant dis mois ou se trouve la villa que j'ai financé ? *Ka lonzo baisse la tête et ne trouve pas de mots à dire.*

Katherine- Mais Binguisse, toi aussi comment tu as pu donner tes biens à ton frère pour gérer. Comment tu as pu faire cela ? Tu as été méchant avec toi-même. Je sais qu'il n'a pas construire de maison et voilà que ta voiture que tu as gagné dans la souffrance a été vendue. Tu m'as déçu Binguisse. Tu m'as déçu. Quand tu quittais ici, quel banditisme ton frère ne faisait pas ? Ce n'est pas croyable. Je pense que chacun saura gérer sa situation maintenant. Moi j'ai mis plus de dix ans à vous nourrir pensant que vous allez m'enlever dans cette vie de misère et c'est ainsi que vous me remerciez. Dix ans sans mes envies vestimentaires, dix ans sans les gains de mon bénéfice de commerce. Dix ans sans bonne nourriture et voilà comment je suis remercié. Kalonzo, continue ainsi, tu sauras te payer, Binguisse je ne sais pas comment tu vas t'arranger pour gérer ton arrivé ici en Afrique mais ce sera sans moi. Car c'est par manque de confiance à ta mère que tu as donné tes biens à ton frère pour gérer.

GrainInfo- Eh Katherine, arrête de pleurer et sache que la réunion n'est pas encore terminé. *A Kalonzo,* Kalonzo, où as-tu mis la villa que ton frère a financée ?

Kalonzo- Je n'ai pas construire la villa. J'ai utilisé l'argent pour aider maman lors de sa faillite dans son commerce et je prenais l'argent aussi pour le prix de popote.

Katherine sauta sur Kalonzo et commença à le battre.

Katherine- tu es un diable en personne, tu es un diable en personne, tu vas mourir et Dieu va te punir. Voleur, voleur

GrainInfo- *Vint la tirer sur Kalonzo qui calait ses coups de mains.* Mais tu vas laisser l'enfant non, le mal est déjà fait. Laisse il nous dira maintenant comment il nous remboursera l'argent. Chacun s'assoit et un moment de silence se pose. Nous n'avons pas donné une bonne éducation à nos enfants. Je viens de chez PapaSalia, il se trouve que c'est lui le père de l'enfant que ta fille porte.

Katherine- Quoi ? PapaSalia, enceinté moi ma fille Koni ? Moi ma ma fille Koni *Elle tomba et s'évanouit. Sa fille se mis donc à crier de peur pour sa maman. Après quelques minutes Kathérine se retrouva. Mais avant d'avoir retrouvé sa mémoire, elle pensa à ce qui s'était passé entre elle et PapaSalia. Cette nuit-là où elle avait souillée son corps pour son fils, Où elle avait donné son corps à PapaSalia à quatre cent mille Franc. Les faits lui revenaient en mémoire en cette image :*

***Katherine-** Bonsoir PapaSalia.*

***PapaSalia-** Bonsoir Kathé comment vas-tu ? bien j'espère ?*

***Katherine-** Comment puis-je aller bien si mon fils est bloqué à Tripolie dans la main de ses homme de massacre, et que toi tu me demande de coucher avec toi avant que tu ne me donnes cette modique sommes.*

***PapaSalia-** Elle n'est pas modique Kathé. C'est juste un service que je te demande. Et depuis combien de temps je suis derrière-toi pour que tu m'accepte comme amman ? Depuis avant la naissance de ta fille.* Cette parole lui faisait mal. Ma fille qui n'était pas né et voilà que c'est aujourd'hui tu viens enceinter cette dernière. Mon Dieu ! Ces derniers mots, elle les a prononcé à haute voix ; ce qui rassura sa famille au-dessus d'elle. Après quoi elle se plongea encore dans ses pensées.

***Katherine-** Que pourrais-je faire encore, si ce n'est pas accepter ta proposition ? Le voyage clandestin de mon fils m'a ruiné complètement. J'ai pris des crédits avec toutes mes connaissances au point que je ne peux plus aller les voir. Ma place au marché a été détruite par le nouveau système de Bigtonguie soi-disant que je suis sur la route. Voilà mon fils est coincé à Tripoli subissant toute sorte de torture. S'il faut que je te donne mon corps pour que* *je puise libérer mon fils, je le ferai PapaSalia car tu es actuellement mon seul espoir. Dis-moi nous irons dans quelle hôtel ?*

PapaSalia- *A l'hôtel PB Plaisir Bigtongaise, là-bas nous serons en toute sécurité et personne ne nous verra.*

Katherine- *Donc tu sais très bien que ce que tu me demandes n'est pas une bonne chose PapaSalia ! Je suis la femme à ton meilleur ami, je suis marié PapaSalia mais parce que je suis dans le besoin tu me demande de couché avec toi. Mais je le ferai si c'est pour libérer mon fils. On y va PapaSalia. Mais dits moi combien me donneras-tu ?*

PapaSalia- *Après avoir sortie avec toi je te donnerai la somme de toi cent mille francs ?*

Katherine- Non fait à Cinq cent mille PapaSalia.

PapaSalia- *Non je n'ai que cent mille franc pour toi.* A ces mot elle se rappela que Sa fille Koni lui avait promis de trouver trois cent mille. Donc le calcul lui ferait donc sept cent mille au cas si papaSalia lui donnait quatre cent mille franc. C'est ainsi qu'elle accepta la proposition de PapaSalia et les deux partir ce jour passer une nuit chaude ensemble. Dans un hôtel. Cette nuit-là PapaSalia coucha avec la femme de son ami. Celle qu'il a toujours voulu. Celle pour qui il venait toujours voir GrainInfo et le prenait comme son meilleurs ami. Lorsqu'il finit de coucher avec Katherine, Il compta quatre cent mille elle et au moment de sortie il lui dit :

PapaSalia- *Je ne coucherais avec toi si moins aimé Katherine.* Katherine le regarda, *pris son argent et sort avant lui.* Toutes ces images furent fatales pour elle. Celui qui a couché avec elle a couché aussi avec sa fille et même enceinté sa fille. Couchée, une seule question lui venait en tête :

Katherine- *Comment vais-je pouvoir regarder ma fille et mon petit enfant qui naitra ?* Elle coulait les larmes. *Et sa fille du dehors de ses pensées lui parla* :

Koni- Maman pardonne-moi pardonne moi maman réveille-toi. Réveille-toi maman, réveilles-toi j'ai encore besoin de toi. *Binguisse et Kalonzo la ramassa et la famille les suit. Ils sortent...*

SCENE 5 : L'annonce de la mort de Salia

Depuis trois ans, la famille de Salia est inquiète. Ils n'ont pas de nouvelle de leur fils. La nouvelle vient de tomber, un bateau de migrant a chaviré !en partance pour l'Europe.

MamanSalia- BabaSalia, je commence vraiment à être inquiète. Cela fait bientôt quatre mois que notre fils est parti pour l'Europe. Nous n'avons aucune nouvelle de lui depuis un certain temps. Il ne nous a appelé que quatre fois. Et en ce moment, il était encore en Libye. a-t-il déjà traversé l'eau ou pas ? Nous n'en savons rien. Moi je suis vraiment inquiète

PapaSalia- Vraiment moi-même je commence à avoir peur. La dernière fois qu'il m'a appelé, il m'a fait savoir qu'ils étaient au bord de l'eau et qu'il devrait prendre le bateau cette nuit-là. Or je me rappelle que c'est dans cette même semaine que le grand naufrage jamais entendu s'est passé. Je suis vraiment inquiet maintenant.

MamanSalia- hmmmmmmm c'est difficile à dire. Si je savais, je n'allais jamais laisser partir mon fils. Il était tout pour nous ici. Qu'est-ce qui ne faisait pas pour nous ? Nous ne sommes jamais restés dans la faim grâce à lui. *Elle sort.*

PapaSalia- (*seul)*- Eh ma femme je m'en veux énormément aujourd'hui.

Entre Davila en pleur, un journal dans la main, elle explique à son beau-père le dernier naufrage. Et dans ce naufrage, le nom de Salia figure parmi les victimes.

Davila- Papa papa papa, je vous l'avais dit. Voici ça. Mon Salia est mort dans le naufrage. Je savais que cela allait arriver, je savais car cette voie est plus que dangereuse. Voici comment est mort mon chéri.

PapaSalia- Ma fille dis-moi que ce n'est pas vrai. Dis le moi. Moi mon fils Salia !!! Mort

N.B. Les pleurs sont accompagnés d'une musique de fond : Alpha Blondy : « Dji »

Fin !

Printed by Books on Demand GmbH, Norderstedt / Germany